Paul E. Billheimer
# Vom Segen des Kreuzes

W0078502

PAUL E. BILLHEIMER

# VOM SEGEN DES KREUZES

Christlicher
Missions-
Verlag

Die amerikanische Ausgabe erschien zuletzt im Verlag *Great Commission Foundation* unter dem Titel „Destined for the Cross". Aus dem Amerikanischen übersetzt von Hans-Joachim Fraund.
© 1982 Paul E. Billheimer

ISBN-10: 3-932308-48-4

ISBN-13: 978-3-932308-48-2
CMV-Bestellnummer: 30848

© deutsche Ausgabe 2006: Christlicher Missions-Verlag e.V., Bielefeld
Gesamtgestaltung: CMV e.V.
Druck: St.-Johannis-Druckerei C. Schweickhardt GmbH & Co KG
Printed in Germany

# Inhaltsverzeichnis

*Da sprach Jesus zu seinen Jüngern:*
*Will mir jemand nachfolgen,*
*der verleugne sich selbst*
*und nehme sein Kreuz auf sich*
*und folge mir.*

*Matthäus 16,24*

# Der Thron des Universums ist ein Kreuz

Selbsthingabe ist das Gesetz des Universums, das Prinzip des gesamten Kosmos. Wäre Selbstverleugnung, Selbstaufopferung nicht das Fundament, das höchste Gesetz des Universums, würde dann Gott, der souveräne Herrscher der Welten, nach diesem Gesetz regieren? Seit Golgatha sagt uns der Herr: „Hier ist der Thron des Universums! Nicht nur für Christus, nein, für jedermann. Hier ist der einzige Weg zu Vollmacht, Kraft und Autorität."

Satan trotzte diesem Prinzip und unterlag. In allen Situationen unseres Lebens gibt Gott uns die Chance, entweder nach diesem Grundsatz zu handeln, um uns für die Herrschaft in der Ewigkeit vorzubereiten oder uns für jene kreuzesfeindliche Haltung zu entscheiden, die das Eigenleben bewahren will und dadurch die Krone verliert. Wer aber Vollmacht über Satan begehrt, der muss am Kreuz bleiben. Hier finden wir Befreiung von aller Eigensucht, allem Sich-selbst-Dienen und aller Selbsterhöhung.

*„Die aber vorübergingen, lästerten ihn und schüttelten ihre Köpfe und sprachen: Der du den Tempel abbrichst und baust ihn auf in drei Tagen, hilf dir selber, wenn du Gottes Sohn bist, und steig herab vom Kreuz! Desgleichen spotteten auch die Hohenpriester mit den Schriftgelehrten und Ältesten und sprachen: Andern hat er geholfen und kann sich selber nicht helfen. Ist er der König von Israel, so steige er nun vom Kreuz herab. Dann wollen wir an ihn glauben." (Matthäus 27,39-42)*

*„Und das Volk stand da und sah zu. Aber die Oberen spotteten und sprachen: Er hat andern geholfen; er helfe sich selber, ist er der Christus, der Auserwählte Gottes." (Lukas 23,35)*

## Satans Angebot an Christus: Sieg ohne Kreuz

Mehrmals im Leben und Dienst unseres Herrn Jesus Christus bot Satan ihm einen leichten Weg zur Herrschaft, zur Macht ohne das Kreuz an. Doch das Angebot wurde abgewiesen. Jesus wählte das Kreuz. Versuchung und Möglichkeit ihm zu entfliehen, bestanden zu jeder Zeit seines Dienstes. Doch er machte sein Angesicht fest wie einen Kieselstein und beschleunigte schließlich noch seinen Tod.

Am Beginn seines Dienstes stand Jesus vor einer Alternative: „Alle Königreiche der Welt und ihre Herrlichkeit will ich dir geben, wenn du niederfällst und mich anbetest." Es war das Angebot eines Sieges ohne Sterben, einer Krone ohne Kreuz! In der Tat: Die ganze Wucht der Versuchung lag in der Aussicht auf Macht ohne Leiden, auf Erhöhung ohne Erniedrigung. – Ähnlich war die Alternative, die sich beim Besuch der Griechen bot, als sie einen der Jünger Jesu ansprachen: „Wir möchten Jesus sehen!" Einige nehmen an, dass die Griechen ihn bitten wollten, mit in ihr Land zu kommen, um seinen Dienst dort sicher und ohne Todesgefahr zu tun. Dieser Einladung begegnet Jesus mit den Worten: „Wenn das Weizenkorn nicht in die Erde fällt und erstirbt, bleibt es allein; wenn es aber erstirbt, bringt es viel Frucht." Jesus wusste, dass sein Tod von überragender Bedeutung für eine verlorene Welt sein würde. Eine Verlängerung seines Lebens konnte niemals den Vorrang haben; was ihn davon abbringen wollte, wurde zurückgewiesen.

Zum dritten Mal begegnete Jesus dieser Versuchung. Auf dem Weg nach Jerusalem, kurz vor dem Ende seines Dienstes, teilte er seinen Jüngern mit, dass er von den Hohenpriestern und Schriftgelehrten verspottet, angespuckt, verworfen und gekreuzigt würde. Für den fleischlichen Sinn des Petrus eine Tragödie, wodurch der gesamte Dienst Jesu wertlos würde, ganz zu schweigen von der Hoffnung des Jüngers auf eine Machtstellung in einem irdischen Königreich. Deshalb widersprach er Jesus: „Das soll dir niemals geschehen!" Wiederum wies Jesus die Versuchung zurück: „Geh weg von mir, Satan!"

Jesus hängt am Kreuz. Seine Prophezeiungen über seinen Tod nahen sich der Erfüllung. Die Stunde, um derentwillen er in diese Welt kam, hat geschlagen – doch noch nicht endgültig. In den Qualen der Kreuzigung, mitten im Todeskampf, den letzten Augenblicken furchtbarster Schmerzen, tritt die Versuchung noch einmal an ihn heran: „Bist du Gottes Sohn, so steig herab vom Kreuz!"

Es ist nicht nötig zu betonen, dass Christus die Macht dazu besaß, hätte er sich so entschieden. „Oder meinst du, ich könnte meinen Vater nicht bitten, dass er mir sogleich mehr als zwölf Legionen Engel schickte? Wie würde dann aber die Schrift erfüllt, dass es so geschehen muss?" (Matthäus 26,53-54). So sagte er zu Petrus in Gethsemane. Er hätte herabsteigen können! Die Versuchung, das Kreuz zu umgehen, war am stärksten, als er den bitteren Kelch von Golgatha bis zur Neige leerte. Mit jagendem Puls und glühendem Fieber, jeder Nerv und Muskel ein einziger Schmerz, überwältigt vom Gefühl der Verlassenheit, traf ihn die Verhöhnung „Bist du Gottes Sohn, so steig vom Kreuz herab!" mit schneidender Schärfe. Wird er herabsteigen? Wird er der Herausforderung nachgeben und sein Leben retten? Wird er jetzt, im allerletzten Moment, das Kreuz zurückweisen? Der Thron des Universums steht auf dem Spiel. Steigt er vom Kreuz herab, wird er den Thron verlieren. Und hier, so erstaunlich es scheint, ist Satan endgültig überwunden, vertrieben vom Sitz seiner Macht. Seine Herrschaft ist zerbrochen. Wie Dr. Huegel sagt: „Der Thron des Universums ist ein Kreuz. Von dorther regiert Christus." Weil Jesus Christus zum Kreuz, zur Richtstätte ging, ist er heute der Höchste des Universums; und diese Hoheit wird dereinst öffentlich sichtbar, wie das Buch der Offenbarung lehrt. Halten wir uns stets vor Augen: Es gibt nicht einen Weg für ihn und einen anderen für uns! Das ist eine Täuschung, die uns Satan vormachen will.

## Mehr als eine historische Wahrheit

Christus herrscht heute, weil er ans Kreuz ging und dort blieb, bis die Kraft seines Lebens durch den Tod freigesetzt wurde. Doch ist es mehr als eine historische Wahrheit, es ist auch eine sittliche, denn Paulus sagt in Römer 6, wobei er sich auf Gläubige bezieht: „Wir wissen ja, dass unser alter Mensch mit ihm gekreuzigt ist, damit der Leib der Sünde vernichtet werde, sodass wir hinfort der Sünde nicht dienen." – „So sind wir ja mit ihm begraben durch die Taufe in den Tod, damit, wie Christus auferweckt ist von den Toten durch die Herrlichkeit des Vaters, auch wir in einem neuen Leben wandeln." Und in Galater 2: „Ich bin mit Christus gekreuzigt. Ich lebe, doch nun nicht ich, sondern Christus lebt in mir. Denn was ich jetzt lebe im Fleisch, das lebe ich im Glauben an den Sohn Gottes, der mich geliebt hat und sich selbst für mich dahingegeben."

Mit großer Deutlichkeit betont diese – wie auch andere – Stelle der Schrift, dass alle Gläubigen an Christi Tod teilhaben. Aber wie Dr. Huegel ausführt, ist unser Tod in Christus nur eine *mögliche* Beziehung. Er sagt: „Wenngleich vom göttlichen Gesichtspunkt aus längst vollkommen, historisch und objektiv vollendet, ist es dennoch etwas, das menschlicherseits nur wirksam wird, wenn es im Glauben ergriffen wird."

## Der Kampf beginnt

Was bedeutet es, wenn wir uns vorbehaltlos hingeben, um geheiligt, vom fleischlichen Sinn gereinigt und voll Geistes zu werden? Wir erklären uns damit einverstanden, dass unser alter Mensch, der – juristisch gesehen – mit

Christus gekreuzigt ist, auch wirklich und praktisch ans Kreuz genagelt wurde. Gott akzeptiert unser Opfer, wenn es ernst gemeint und die Bereitschaft echt ist. Aber dann beginnt der Kampf. Was wir theoretisch vollzogen haben, muss nun in die Praxis übertragen, muss im Alltag, in unserer Erfahrung Wirklichkeit werden. Sobald wir einwilligen, dass unser alter Mensch wirklich und tatsächlich ans Kreuz genagelt wird, erhebt der Feind ein Zetergeschrei. Satan unterstützt alle Regungen unseres Ichs, unserer alten Natur – so wie Petrus reagierte, als er beschwörend ausrief: „Herr, das geschehe dir niemals!" Sind wir nicht wachsam, so stimmen wir rasch mit Satan überein, dass unser Fleisch nicht sterben muss, dass wir zu gut sind für das Kreuz, dass es in unserem Fall fehl am Platz ist.

Mitleid ist eine heikle Sache. Obwohl es oft christusähnlich erscheint, kann es doch aus dem Fleisch kommen. Die Anteilnahme des Petrus wurde von Jesus entschieden zurückgewiesen, weil sie aus dem Fleisch und nicht von Gott kam. Jesu Thron war ein Kreuz, und davon ging er nicht ab. Wenn Gott einen Menschen in seine Schule nimmt, wenn er das Kreuz in dessen Leben zur Wirkung bringt, seien Sie vorsichtig mit Ihrer Anteilnahme! Es könnte sein, dass Sie sich damit gegen Gott stellen. Solch Mitfühlen mag den Anderen hin zu Ihnen, aber weg von Gott ziehen.

Der Feind wird immer alles daran setzen, Sie von dem Weg ans Kreuz und damit dem Tod Ihres Eigenlebens abzuhalten. Wenn Sie bewusst die Entscheidung treffen, dass Ihr alter Mensch am Kreuz bleiben soll, wird der Teufel alles tun, damit Sie wieder herabsteigen – genauso, wie er Jesus versuchte. Er mag einen Petrus haben, der Ihnen zuruft: „Das geschehe dir niemals!" Oswald Chambers sagt: „Kein Heiliger sollte die Erziehungspläne Gottes mit einem anderen Heiligen durchkreuzen." Er nennt das „Amateur-Vorsehung".

## Der Kampf verschärft sich

Sobald Sie den alten Menschen, die alte Natur und ihr Eigenleben in den Tod geben, indem Sie sie ganz praktisch ans Kreuz heften, gehen Satan und seine Helfershelfer, ein Petrus vielleicht, zum Angriff über. Er setzt genau dort an, wo Bereiche des Eigenlebens noch nicht wirklich ans Kreuz kamen. Und obwohl der fleischliche Sinn, der gegen Gott rebelliert, tatsächlich und bewusst in den Tod gegeben ist, so dass unser ganzes Sein nur den Willen Gottes sucht, ist er in jeder neuen und tieferen Erfahrung mit der Anwendung des Kreuzes in Versuchung immer gegenwärtig: „Hilf dir selbst und steig herab vom Kreuz!" Viele leben ganz bewusst in der Kreuzesgesinnung. Wer von ihnen wird behaupten, dass ihn noch nie die Versuchung überfiel, „vom Kreuz herabzusteigen"?

## Bindet das Opfer

Viele unter uns kennen zwar die Bedeutung der bewussten Annahme des Kreuzes in der Nachfolge und haben erfahren, was die Reinigung des fleischlichen Sinnes bedeutet. Dennoch wissen sehr wenige unter uns Gläubigen, die bekennen, geheiligt zu sein, was es bedeutet, *das gekreuzigte Leben wirklich zu praktizieren*. Hier fehlt das rechte Verständnis. Durch fehlende Lehre über die Notwendigkeit, das gekreuzigte Leben Augenblick um Augenblick auszuleben, sind wir seicht und oberflächlich, ja unverbindlich geblieben. Es erfordert feste Entschlossenheit, unsere Hingabe aufrechtzuerhalten und nicht vom Kreuz herabzusteigen. Psalm 118,27 fordert diese Entschiedenheit: „Bindet das Festopfer mit Stricken bis an die Hörner des Altars!" Das klingt nicht wie ein Spaziergang. *Die Folge dieser fehlenden Betonung des gekreuzigten Eigenlebens ist eine Nachfolge ohne Tiefgang.* Wir haben übersehen, dass Heiligung nichts anderes bedeutet als ein Leben, das zunehmend von der

Gesinnung des Mit-Christus-gestorben-Seins geprägt wird. Deshalb sind wir von Zeit zu Zeit vom Kreuz herabgestiegen. Ja, anstatt das gekreuzigte Leben hier und heute zu üben, berufen wir uns auf eine zurückliegende Erfahrung. Und wenn das Fleisch sich regt, bringen wir es nicht sofort ans Kreuz, um durch Bekenntnis und Reinigung Wiederherstellung zu erfahren, nein, wir deuten zurück auf jenes Ereignis: „Seit ich geheiligt bin, gibt es nichts in meinem Leben, was des Kreuzes bedarf. Ich bin einmal gestorben, dieser Punkt ist endgültig geklärt." Eine solche Haltung aber ist Nistplatz und Brutstätte vieler geistlicher Fehlentwicklungen.

# Wie man vom Kreuz herabsteigt

Vielleicht sagen Sie jetzt: „Was ist überhaupt mit diesem Vom-Kreuz-Herabsteigen gemeint?" Meine Antwort ist: „Jede Art der Erhaltung des Eigenlebens, jeder Versuch, sein Ich zu retten, jedes Suchen nach einem einfachen Weg, wenn es um geistliche Grundsätze geht. *Um genau zu sein: Alle Bemühungen, das Ich zu entschuldigen, zu verteidigen, zu bewahren, zu rechtfertigen, zu schützen, bedeuten letztlich ein Herabsteigen vom Kreuz.*"

*Selbstmitleid,* als eine Art Selbstverteidigung, heißt, vom Kreuz herabzusteigen. Es bedeutet, dass Ihnen jemand Unrecht getan hat, und Sie bedauern, dass Sie nichts dagegen unternehmen können. Wenn Sie diesem Selbstmitleid nachgeben, steigen Sie vom Kreuz herab.

*Übelnehmen* bedeutet, vom Kreuz herabzusteigen; nachtragend sein ist Verteidigung unseres Ichs. Es bedeutet, dass Ihnen jemand Unrecht getan hat, und Sie sind verärgert, dass Sie nichts dagegen unternehmen können.

*Selbstrechtfertigung* ist ein Vom-Kreuz-Herabsteigen, denn auch das ist eine Form der Verteidigung unseres alten Wesens. Wie viele Probleme sind schon durch Selbstrechtfertigung, durch Verteidigung unseres verletzten Egos entstanden! Ganze Gemeinden sind zerstört, Seelen zerrüttet worden, weil die Verteidigung des Ichs in die eigene Hand genommen wurde.

*Nicht bereit sein, sich tadeln zu lassen,* und anderen die Schuld zuzuweisen, bedeutet, vom Kreuz herabzusteigen. Sie wissen, wie bitter es ist, getadelt zu werden, und wie leicht, andere zu rügen. Auch dies ist eine Art der Verteidigung unseres Ichs und ein Herabsteigen vom Kreuz. Wenn man missverstanden wird, sind übertriebene Bemühungen um Klarstellung gleichermaßen verwerflich. Wir haben nicht den Glauben, der Jesus erfüllte. Er setzte sein ganzes Vertrauen auf Gott als einen treuen Schöpfer.

*Beleidigt sein* wegen wirklicher oder vermeintlicher Nichtbeachtung bedeutet schließlich ebenfalls, vom Kreuz herabzusteigen. *Nahezu jede – wenn nicht alle – unfreundliche Kritik ist eine Art Selbstverteidigung und Selbstrechtfertigung.* Parteigeist ist im Grunde nichts anderes als ein Mich-stark-Machen für meinen Kreis oder meinen Standpunkt, und zwar meist unter Bezweiflung der Intelligenz oder Aufrichtigkeit aller, die nicht mit mir übereinstimmen. Auch dies ist eine subtile Form der Selbstrechtfertigung und der Schonung unseres Ichs.

Keine ernsthafte und informierte Persönlichkeit wird die Tatsache bestreiten, dass vieles, wenn nicht alles hier Erwähnte praktisch in jeder Denomination der Heiligungsbewegung und vielen so genannten geisterfüllten Gemeinden häufig vorkommt oder wenigstens bekannt ist. Ich gebe zu, dass es in manchen der großen Denominationen noch schlimmer ist. Das rechtfertigt jedoch keineswegs die Tolerierung dieser Dinge in unserer Mitte. Vielmehr beweist es, dass zwar eine große Zahl von Gläubigen ihre Erlösung und Heiligung bezeugt, aber nur sehr wenige das „Mit-Christus-gekreuzigt-Sein" praktisch ausleben.

## Das Kreuz – Geheimnis des Sieges

Und doch liegt gerade hier *das Geheimnis des Sieges: Nicht eine zurückliegende Erfahrung, sondern eine gegenwärtige, tägliche Annahme des Kreuzes. Es gibt nur einen Ort der Macht über Satan: Das Kreuz.* Am Kreuz und durch das Kreuz hat Christus ihn überwunden, und hier allein kann er besiegt werden. Nur wenn wir am Kreuz sind, wird der Feind uns nichts anhaben. Und nur jenen Teil unserer Natur, der gekreuzigt wurde und am Kreuz bleibt, kann Satan nicht antasten. Blicken Sie auf Ihr Leben zurück: Immer nur dann erlebten Sie eine Niederlage, wenn Sie vom Kreuz herabstiegen. Hätte Satan Christus verführen können, vom Kreuz herabzukommen, so hätte er ihn besiegt. Genauso werden auch wir besiegt, sobald wir vom Kreuz herabsteigen. Wenn wir aber am Kreuz bleiben, sind wir unantastbar, denn dort wurde Satan besiegt. Das Kreuz ist sein Ruin! So hat er keine Macht über uns, solange wir am Kreuz sind, aber sobald wir herabsteigen, hat er uns in der Gewalt. Am Kreuz sind wir sicher. Hier allein haben wir Vollmacht über alle Macht des Feindes. Doch wir steigen vom Kreuz herab, nehmen alles in die eigene Hand, folgen unserem eigenen Urteil, fallen in Selbstmitleid, Selbstrechtfertigung, Groll und andere Arten der Selbstverteidigung und bleiben so in der Niederlage – bis wir alles darangeben und zum Kreuz zurückkehren. Wir können allezeit Sieg erleben, wenn wir lernen, am Kreuz zu bleiben.

## Selbst was berechtigt ist, muss sterben

Manche weisen meine Betonung der fortschreitenden Heiligung zurück, weil sie meinen, Heiligung sei eine einmalige Erfahrung. Nichts von alledem, was ich gesagt habe, soll diese Auffassung in Frage stellen. Ich versuche lediglich, dem Bekenntnis der Heiligung einen ethischen Inhalt zu geben. Dies, so denke ich, ist ein Gebot der Stunde. Und mit dieser Ansicht stehe ich nicht allein.

*Das Kreuz ist nicht nur für Sünden und die Sünde da, sondern auch für unser rechtmäßiges Ich.*

# Über die Anwendung des Kreuzes

Die wichtigsten Autoren der Heiligungsbewegung stimmen darin überein, dass es ein rechtmäßiges Ich gibt, im Unterschied zum fleischlichen Ich. Das Kreuz muss nicht nur die fleischliche Gesinnung vernichten, sondern den ganzen natürlichen Menschen, das gesamte Eigenleben. Das heißt, auch jene Bereiche, die nicht in direktem Widerspruch zu Gott stehen, die aber, da sie zum Ich-Leben und nicht zu Gott gehören, von ihm nicht gebraucht werden können und deshalb beseitigt werden müssen. George D. Watson, ein Autor der frühen Heiligungsbewegung sagt hierzu:

### Das Sterben des Ichs

Es gibt nicht nur ein Sterben der Sünde gegenüber, sondern in vielen Bereichen ein tief reichendes Sterben dem Ich gegenüber. – Eine Kreuzigung im Detail, in den einzelnen Gebieten des Lebens, nachdem die Seele geheiligt wurde. Diese tiefere Kreuzigung des Ichs ist die Entfaltung und Anwendung aller jener Grundsätze der Selbstverleugnung, denen die Seele bei ihrer Ganzhingabe zustimmte. Hiob war ein vollkommener Mensch und der Sünde gestorben. Doch in seinem tiefsten Leid starb er seiner eigenen Frömmigkeit, seinen Familienbanden, seiner Theologie, all seinen Erkenntnissen von der Vorsehung Gottes.

Er starb vielen Dingen, die an sich keine Sünde waren, die jedoch einer tieferen Gemeinschaft mit Gott im Wege standen.

Petrus brauchte, nachdem er geheiligt und mit dem Geist erfüllt worden war, eine besondere himmlische Vision, um seiner traditionellen Theologie und seinem jüdischen „Hochkirchentum" zu sterben. Nach der Reinigung des Herzens beginnt die eigentliche Selbstverleugnung, Kreuzigung und Hingabe an Gott. Es gibt eine

Vielzahl von Dingen, die an sich keine Sünde sind, doch unsere Gebundenheit an sie hindert uns, in der Fülle des Geistes und in tiefster Gemeinschaft mit Gott zu leben. Die ewige Weisheit will uns bei der Hand nehmen und uns zu einer tieferen inneren Kreuzigung unseres Privatlebens, unserer hohen Vernunft, unserer strahlenden Hoffnungen, unserer liebsten Neigungen, unserer theologischen Standpunkte, unserer besten Freundschaften, unseres frommen Eifers, unserer geistlichen Impulsivität, unserer geistlichen Arroganz, unserer Traditionen, unseres Glaubensbekenntnisses und unserer Kirchlichkeit, unserer Erfolge, unserer religiösen Erfahrungen, unserer geistlichen Tröstungen führen. Die Kreuzigung geht weiter, bis wir allem gestorben sind: Allen Sorgen, Nöten, Enttäuschungen, Lob und Tadel, Erfolg und Versagen, Bequemlichkeiten und Beschwerden; gestorben allen Witterungseinflüssen, nationalen und geographischen Gegebenheiten – tot gegenüber jedem Verlangen, außer dem nach Gott. In diesen Bereichen gibt es eine Vielzahl innerer Kreuzigungen.

Es mag sein, dass nicht einer unter zehntausend Geheiligten jemals den Grad des Sterbens dem eigenen Ich gegenüber erreicht, den Paulus und Madame Guyon und ähnliche geheiligte Menschen erreicht haben. Ich möchte hinzufügen, dass sie diese tieferen Stufen des Sterbens durch die tägliche Anwendung des Kreuzes im gesamten Bereich ihres Alltags erreicht haben. Es ist einfach, ein Kreuz um den Hals oder an der Kleidung zu tragen, ohne das Sterben des Ichs in unseren täglichen Beziehungen und Verhaltensweisen zu praktizieren. Darauf aber kommt es letztlich an!

## Der Weg Christi – Maßstab für uns

Wenn wir das Beste von Gott für unser Leben erhoffen, wenn wir Vollmacht und Sieg über Sünde und Eigenleben erstreben, müssen wir die Tatsache akzeptieren, dass wir auch als erlöste und geisterfüllte Menschen noch *gefallene Geschöpfe* sind. Wir müssen begreifen, dass wir große Gebiete unseres Lebens und unserer Anlagen fortwährend zum Kreuz bringen und in den Tod geben müssen, wenn wir siegreich leben wollen. Das ist es, was Paulus in Römer 8 meint, wenn er vom „Wandel im Geist" spricht. Um dazu im Stande zu sein, müssen wir das Kreuz akzeptieren und fortfahren, das Fleisch zu töten. Nach „Hoffnung für alle" sagt Paulus in Galater 5,24-25: „Wer zu Christus gehört, der hat sein selbstsüchtiges Wesen mit allen Leidenschaften und Begierden an das Kreuz geschlagen. Durch den Heiligen Geist haben wir neues Leben, und das soll jetzt auch bei uns sichtbar werden."

Daraus geht hervor, dass der Sieg des Geistes über unsere fleischliche Natur nicht automatisch geschieht. Wir können wählen! Wir können uns gegen den Kreuzesweg, den Weg des Zerbruchs und der Kreuzigung unseres Ichs entscheiden. Das aber bedeutet Niederlage. *Nur im Kreuz ist der Sieg! Jesus regiert durch das Kreuz.* Es gibt nicht einen Weg für ihn und einen anderen für uns. Er ging nicht nur an unserer statt ans Kreuz, nicht nur als Stellvertreter, sondern auch als Vorbild, um uns zu zeigen, dass das Kreuz den einzigen Ort der Herrschaft darstellt.

Das Kreuz ist nicht nur der Ort des Todes für die Sünde, sondern für den ganzen natürlichen Menschen, für das Ich, ja, selbst für unsere so genannten guten Charaktereigenschaften. Darum ruft George D. Watson zu einem tieferen Sterben dem Ich gegenüber auf. Gott will uns ständig umgestalten. Wenn wir das Kreuz sein Werk an uns tun lassen, wird Gott uns völlig verändern, uns neu gestalten. Manche unter uns glauben, dass sei unmöglich. Aber gerade deshalb lässt Gott das Kreuz in unserem Leben zu, das heißt, alle jene Dinge, die unser Eigenleben töten. Unsere Zurückweisung des Kreuzes

19

aber ist die Ursache für alle Spannungen und Konflikte in Familie, Gemeinde, Wirtschafts- und Arbeitsleben.

## *Das Kreuz ist der Tod des Wohllebens*

Das Kreuz befasst sich mit unserem Lebensstil. Ist eine aufwändige, luxuriöse Lebensweise von Gott oder vom Fleisch? Wohlstand an sich steht nicht im Widerspruch zu einem schriftgemäßen Lebensstil, doch liegt die Betonung für den Nachfolger Jesu ohne Zweifel auf einem Leben der Opferbereitschaft. Das Kreuz ist der Tod des Wohllebens. Es macht uns sensibel für unsere Verantwortung einer verlorenen Welt gegenüber. Die Schrift verheißt uns, dass Gott unseren Mangel ausfüllen will (vgl. Philipper 4,19), dass er uns mit dem Nötigen versorgt, wenn wir im Glauben darum bitten. Mehr aber ist Luxus und fördert nur den Hang zum Wohlleben. Im ersten Jahr seines hauptamtlichen Dienstes lebte John Wesley den Berichten nach von nur achtundzwanzig Pfund Sterling. Obwohl Gott ihn mit einem reichen, ständig wachsenden Dienst segnete, wird gesagt, dass er bis an sein Lebensende mit dem gleichen Betrag auskam. Ich denke, das ist biblische Haushalterschaft! „Da sprach Jesus zu seinen Jüngern: Will mir jemand nachfolgen, der verleugne sich selbst und nehme sein Kreuz auf sich und folge mir." (Matthäus 16,24)

# Ein verhängnisvoller Irrtum

Was soll ich tun, wenn ich sehe, dass ich vom Kreuz herabgestiegen bin und in der Niederlage stehe, weil ich alles selbst in die Hand genommen habe, dass ich in Selbstmitleid und Groll verfallen bin und aus dem Ich, dem Fleisch heraus meinen Alltag gelebt habe? Viele wissen nicht, wie sie das Kreuz anwenden sollen. Wenn sie versagen, liegen sie am Boden. Dann stellen sie sofort ihre Heiligung in Frage und haben schwere innere Kämpfe, ob sie auch wirklich stattgefunden hat. Wenn sie nach Selbstprüfung und Gebet schließlich gewiss sind, dass darüber kein Zweifel besteht, erholen sie sich langsam von ihrer Verzweiflung und gehen weiter. Damit aber haben sie die Frage der Ursache des Rückfalls nicht geklärt. Sie haben sich selbst versichert, dass sie geheiligt sind, und dass daher alles in Ordnung sein müsse, obwohl in der Tat der Heilige Geist mit irgendetwas in ihrem Leben nicht einverstanden ist.

Zu viele unter uns sind davon überzeugt, dass der Heilige Geist in ihrem Leben keine Arbeit mehr zu verrichten habe. Das aber ist ein verhängnisvoller Irrtum, der zu der Gewohnheit verführt, sich hinter einer früheren Erfahrung zu verstecken, statt sich mit den Verhaltensweisen zu beschäftigen, mit denen der Heilige Geist in Konflikt steht. Und gibt es irgendjemanden, der, wenn er aufrichtig ist, nicht zugeben müsste, dass er trotz dieser Erfahrung noch Neigungen in sich spürt, die Gott missfallen? Was aber sollen wir damit tun? Sie ohne zu zögern ans Kreuz bringen! Sobald wir feststellen, dass wir vom Kreuz herabgestiegen sind und eine Niederlage erlitten haben, wenn auch nur in kleinen Dingen, sollten wir nicht versuchen, uns einzureden, dass wir ja geheiligt und damit in Ordnung seien. Es ist wohl hilfreich, sich dessen zu erinnern, doch darf die Tatsache nicht verdrängt werden, dass etwas nicht in Ordnung ist. Der Geist steht im Widerstreit mit uns. Wir sind in unser Ich-Leben zurückgefallen. Erkennen wir: Wir sind vom Kreuz herabgestiegen und müssen dorthin zurück! Das aber bedeutet Verzicht auf unsere Rechte, unseren Groll, unser Selbstmitleid und unsere Selbstverteidigung. *Wir müssen in dem Punkt sterben, der uns veranlasst hat, vom Kreuz herabzusteigen.* Dann werden wir wieder Sieg haben.

## Autorität und das Kreuz

Wie aber kommt man wieder zum Kreuz zurück? Durch Sündenbekenntnis und Wiedergutmachung. Der Beweis für die Echtheit unserer Erfahrung ist nicht, dass es nur noch aufwärts mit uns geht, sondern, dass wir auf die Missbilligung des Heiligen Geistes hin bereit sind, unser Versagen, unsere Fehler oder unsere Sünden zuzugeben. Und wenn andere betroffen sind, um Vergebung bitten, sowie nötigenfalls den Schaden wieder gutmachen. Wenn wir dies regelmäßig praktizieren, werden wir fortschreitenden Sieg erfahren, und unsere Niederlagen werden seltener. Nach der Überzeugung einiger Verantwortlicher in evangelikalen Kreisen ist ein Wachstum der Frucht des Geistes wichtiger als eine Betonung der Geistesgaben. Das soll kein Abstrich sein hinsichtlich der Bedeutung dieser Gaben. Doch kann das Fehlen der Frucht des Geistes den Segen der Geistesgaben dämpfen oder gänzlich aufheben. Wenn wir uns nicht täglich an das Kreuz begeben, das gekreuzigte Leben nicht ständig praktizieren, wird dies gefährliche Auswirkungen haben, sowohl im Hinblick auf die Gaben als auch die Frucht des Geistes. Am Kreuz bleiben ist die Voraussetzung für Vollmacht.

Niemand kommt ohne die Opposition des Feindes näher zu Gott. Die Streitmacht Satans attackiert jede Bewegung auf Gott zu. Nur ein wachsamer, gewappneter Geist kann diese Opposition überwinden, und zwar ausschließlich in der Kraft des Heiligen Geistes. Wenn Ihr Problem ein Pochen auf Vorrechten ist, denken Sie daran: Das einzige Recht eines wahrhaft Gekreuzigten ist das Recht, auf seine Rechte zu verzichten!

# Fortschreitendes Sterben

Wir sprachen von dem Hinweis George D. Watsons auf die Notwendigkeit eines tieferen Sterbens des Ichs. Das scheint für manche eine falsche Formulierung zu sein, denn wie kann jemand toter als tot sein? In der Tier- oder Pflanzenwelt ist dies unmöglich. Im geistlichen Bereich jedoch scheint der Tod des natürlichen Lebens und des Ich-Lebens fortschreitend zu sein. *Wachstum im geistlichen Leben geschieht auf Kosten des Fleisches, des eigenen Ichs.*

## Eine Erfahrung und ein Prozess

Das geistliche Leben beginnt mit einer Krisensituation, der Erfahrung von Tod und Auferstehung, und wird durch einen Prozess, eine Entwicklung, fortgeführt, wobei eine immer tiefere Gemeinschaft mit Christus entsteht. Wir hören wenig davon, dass wir unserem Ich und der Welt gegenüber gestorben sein müssen, um ein Leben im Geist führen zu können. Dagegen wird immer betont, wie einfach es sei, errettet oder mit dem Heiligen Geist erfüllt zu werden. An dieser Aussage ist etwas Wahres, doch stellt sie nur eine Seite der Medaille dar. Einfach ist es dann, wenn wir wirklich bereit sind, gekreuzigt zu werden und zu sterben. Jeder tiefere Tod führt zu einer herrlicheren Auferstehung. Soweit ich weiß, hat Jesus niemals die Kosten der Nachfolge verschwiegen. Im Gegenteil, er forderte dazu auf, die Kosten zu überschlagen! In Lukas 14,25-35 bestand er mit Nachdruck darauf!

## Die erste Botschaft des Evangeliums

Kürzlich erwähnte Dr. J. Edwin Orr in einer christlichen Sendung, dass das Evangelium mit der Aufforderung zur Buße beginnt. Er machte eine Umfrage unter verschiedenen Gruppierungen seiner Zuschauer und fragte sie nach der ersten Botschaft des Evangeliums. Jeder unter uns sollte die Antwort wissen, doch nur wenige wussten sie. Es ist leicht, nach einer echten Buße Jesus anzunehmen. Doch ohne Buße kann niemand errettet werden. Das hat Jesus sehr deutlich angesprochen. „Wenn ihr nicht *Buße* tut, werdet ihr alle auch so umkommen" (Lukas 13,3). Es war Jesus, der sagte, dass Freude bei den Engeln ist, wenn ein Sünder *Buße* tut. Buße war die erste Botschaft des Evangeliums, die Johannes der Täufer verkündigte. Zu den Schriftgelehrten und Pharisäern sagte er: „Schlangenbrut, wer hat euch unterwiesen, dass ihr dem zukünftigen Zorn entflieht?" Buße war das erste Wort der Apostel an jenem ersten Pfingsten. Als die Menge nach der Predigt des Petrus fragte: „Was sollen wir tun, ihr Männer und Brüder?", lautete die Antwort: „Tut Buße!" (Apostelgeschichte 2,38).

## *Buße und Wiedergutmachung*

Was meint die Bibel, wenn sie von Buße spricht? Die bekannteste Definition ist wohl „umkehren". Das klingt sehr einfach, mag aber nicht so einfach sein, wie es klingt. Denn Buße bedeutet zunächst und vor allem Sündenerkenntnis. In Apostelgeschichte 2,37 wird berichtet, dass den Zuhörern die Predigt des Petrus „durchs Herz" ging. Wahre Sündenerkenntnis wird begleitet von einem Gefühl der Verdammnis. Der überführte Sünder spürt, dass er unter Gottes Gericht steht und in der Gefahr, ewig verdammt zu werden. Echtem Überführtsein von der Sünde folgt eine göttliche Traurigkeit über die Sünde, Bekenntnis der Sünde, Loslassen der Sünde und Wiedergutmachung. Wiedergutmachung heißt, das Unrecht, das jemandem zugefügt wurde, soweit möglich wieder in Ordnung zu bringen. Ob jemand dazu bereit ist, hängt von der Aufrichtigkeit und Echtheit seiner Buße ab. Doch ohne Buße gibt es keine Errettung! Ist sie aber echt und tief, erwächst daraus – nahezu automatisch – der Glaube an Vergebung und Errettung.

Auch wenn nicht jedermann mit mir übereinstimmt, glaube ich doch, dass der Empfang des Lebens im Geist an eine Bedingung geknüpft ist. Sie wird manchmal Hingabe oder Übergabe genannt. Früher hieß es „Sterben", gemeint ist ein Sterben dem natürlichen Leben gegenüber, ein In-den-Tod-Geben des Eigenlebens.

## Zum Sterben krank

Zum Eintritt in das Leben im Geist bedarf es einer Grundvoraussetzung: Man muss sich so krank, so elend fühlen in seinem alten Ich-Leben, dass man bereit ist zu sterben. Es gibt ein altes Kirchenlied, das so manche suchende Seele vergangener Zeiten auf dem Weg zur völligen Hingabe begleitet hat. Es ist fast vergessen und der Gemeinde Jesu verloren gegangen:

*O Gott, mein Herz verlangt nach dir,*
*Lass mich sterben, lass mich sterben.*
*Schenk mir Freiheit, Herr, von mir.*
*Lass mich sterben!*
*Aller Glanz und Tand der Welt*
*Sank ins Wesenlose;*
*Christus ruft, ich folge nach.*
*Lass mich sterben!*

*Herr, lass mich Spott und Hohn verachten;*
*Lass mich sterben, lass mich sterben!*
*Und frei von Furcht nur nach dir trachten;*
*Lass mich sterben!*
*Allem Beifall dieser Zeit,*
*Die mit Denken, Tun und Dichten*
*Schmäht des Kreuzes Niedrigkeit*
*Lass mich sterben!*

*Bin ich gestorben, Herr, für dich,*
*Will ich leben, will ich leben.*
*Mein Leben, meine Kraft, mich selbst*
*Will ich geben, will ich geben.*
*Sterben, dass nur ein Verlangen lebt,*
*Nur eine Sehnsucht sich erhebt:*
*Mich dir ganz hinzugeben.*
*Lass mich sterben, lass mich sterben!*

## Das Kreuz – Stellvertretung und Vorbild

Es ist wahr, dass Christus bereits alles für uns getan, dass er für alles den vollen Preis bezahlt hat. Das Kreuz bedeutet aber nicht nur Stellvertretung, sondern auch Vorbild. Der Beginn des Lebens mit Christus ist gekennzeichnet durch einen Todesweg, der nicht leicht zu gehen ist. „Oder wisst ihr nicht, dass alle, die wir auf Christus Jesus getauft sind, die sind in seinen Tod getauft?" (Römer 6,3). Das Leben im Geist, manchmal auch Heiligung genannt, beginnt ebenfalls mit einem Todesweg: „Wir wissen ja, dass unser alter Mensch mit ihm gekreuzigt ist, damit der Leib der Sünde vernichtet werde, sodass wir hinfort der Sünde nicht dienen. Denn wer gestorben ist, der ist frei geworden von der Sünde." (Römer 6,6.7). Das bedeutet, in einem geheiligten Leben zu stehen, wie es auch Vers 18 ausdrückt: „Denn indem ihr nun frei geworden seid von der Sünde, seid ihr Knechte geworden der Gerechtigkeit."

# Die Sünde: Tat und Gesinnung

Die Mehrzahl der Theologen betrachtet die Sünde sowohl als eine Tat, eine Handlung, als auch als eine Gesinnung, eine Grundhaltung. Sünde als Tat ist vergeben worden und kann vergeben werden in der Rechtfertigung und Wiedergeburt. Aber von der Haltung müssen wir im Verlauf des Heiligungsprozesses gereinigt werden. Dazu ist ein tieferes Sterben unseres Ichs notwendig. In Epheser 5,18 fordert uns Paulus nicht nur auf, einmal voll Geistes zu werden, sondern ständig geisterfüllt zu sein. Alexander Maclaren sagt, dass wir auf dem Weg der zunehmenden Heiligung und Verwandlung in das Bild Christi Altäre errichten müssen, worauf das natürliche Leben geopfert wird. Er betont, dass der Pfad zu tieferer geistlicher Schönheit markiert ist durch die blutigen Fußstapfen verwundeter Eigenliebe.

## Der Weg zum Leben

Das alles klingt nicht einfach. Sterben ist nichts Angenehmes, doch immer erwächst daraus Auferstehung – im geistlichen wie im natürlichen Leben (Johannes 12,24). Der Tod ist der Eingang zum Leben.

Muss man nun besonders betonen, dass Sterben Voraussetzung für das Erfülltsein mit dem Heiligen Geist ist? Es ist nicht üblich, über den Tod zu sprechen. Man läuft Gefahr als schwermütiger Geselle zu gelten. Doch gibt es keine Bedingungen für das Erfülltsein mit dem Geist? Gibt es keine Vorbereitungen zu treffen? Wenn auch der Heilige Geist, ebenso wie die Erlösung, durch Glauben empfangen wird, gibt es dann keine Bedingungen für ein Leben im Glauben?

In der Apostelgeschichte wird berichtet, dass der Geist häufig durch Handauflegung – nach vorausgegangener Unterweisung und nach Gebet – gegeben wurde (Apostelgeschichte 8,15-17; 19,6) und bisweilen auch nur nach erteilter Unterweisung, wie in Apostelgeschichte 10,44. Im Licht dieser Schriftstellen ergibt sich die Frage, ob noch eine andere Vorbereitung wichtig ist, zum Beispiel entschiedene Hingabe, die Aufgabe der eigenen Wünsche, Pläne und Ambitionen, eine totale Preisgabe unseres ganzen Seins und die Auslieferung an Jesus Christus und seinen Verdienst – für Zeit und Ewigkeit.

## Ein erbitterter Kampf

Obwohl es nur wenige Hinweise in der Schrift gibt, wie wir zur Fülle des Heiligen Geistes gelangen können, wurde er doch niemals ohne angemessene geistliche Voraussetzungen gegeben. Wir wissen nicht, wie lange es dauert, bis diese Voraussetzungen gegeben sind, noch kennen wir die verschiedenen Stufen, die jenen Zustand völliger Hingabe im Leben der Jünger bewirkten. Die Bibel schweigt hierüber. Doch besteht kaum ein Zweifel, dass Voraussetzungen bestanden, die letztlich Ausgießung und Erfüllung bedingten. Oder ist es möglich, dass der Geist einfach jeden erfüllt, ohne Rücksicht auf den moralischen und geistlichen Zustand des Menschen? Wird der Geist ein Gefäß erfüllen, das nicht leer ist? Wenn wir diese Frage verneinen, erhebt sich die logische Frage nach den Bedingungen für das Erfülltsein mit dem Geist.

Natürlich können nur wiedergeborene Christen, die im Licht wandeln (Johannes 14,16.17), Anwärter für die Fülle des Geistes sein. Jesus sagt, dass die Welt, das heißt, die Menschen, die nicht wiedergeboren sind, den Heiligen Geist nicht empfangen können. In der Pfingstbewegung scheinen viele den Geist in seiner Fülle durch Gebet und Handauflegung zu bekommen. Andere hingegen haben bezeugt, dass sie dies erst nach langem Suchen unter großem Herzensverlangen und nach tiefer, umfassender Hingabe erfuhren. In der so genannten Heiligungsbewegung wurde großes Gewicht auf diese

Art der Hingabe gelegt. Oswald Chambers sagt, dass im Verlauf der Heiligung „der erneuerte, wiedergeborene Mensch seine Rechte auf sich selbst an Jesus Christus abtritt". Er sagt: „Niemand tritt in die Erfahrung der völligen Heiligung ein, es sei denn durch ein weißes Begräbnis, d.h., das Begraben des alten Lebens. Ohne eine solche Erfahrung des Sterbens ist Heiligung nichts weiter als fromme Illusion." Er stellt die Frage: „Bist du wirklich bei deinen letzten Tagen angelangt? Sterben bedeutet, du hast aufgehört zu sein." Hier denkt Chambers an das gefallene Ich, das Eigen- oder seelische Leben, auch Fleisch genannt. Zuweilen hören wir, es sei sehr leicht, voll Geistes zu werden. Es wird gesagt, alles, was wir zu tun hätten, sei, zu glauben und zu nehmen. Chambers betont: *Vor der Heiligung tobt immer ein erbitterter Kampf. Etwas will uns von den Forderungen Christi wegziehen."* Jesus sagte: „Will mir jemand nachfolgen, der verleugne sich selbst", d.h., das Recht auf sich selbst. Man hat aber nicht wirklich losgelassen, wenn man nicht bereit ist, auf die persönliche Unabhängigkeit und das Recht dazu völlig zu verzichten.

## *Auch das Beste unserer alten Natur muss sterben*

In der Wiedergeburt sind wir der Sünde gestorben. Das ist eine Handlung. Wir taten Buße und machten Schluss mit aller willentlichen, vorsätzlichen Sünde. Wenn dies nicht geschah, muss die Wiedergeburt bezweifelt werden. Wer in der Fülle des Geistes wandelt, stirbt der eigenen gefallenen Natur. Dabei geht es nicht darum, offenkundige Sünde aufzugeben, sondern es geht darum, auf sein Recht, auf sich selbst, ja, auch auf unsere besten Seiten zu verzichten. Für die meisten unter uns ist das nicht einfach. Der alte Mensch stirbt nur sehr schwer.

Es gibt einen anfänglichen Akt des Sterbens: Wir willigen ein, dass unsere alte Natur, unser Eigenleben ans

Kreuz genagelt wird. Das ist ein alles umfassender Vorgang, der die ganze irdische und himmlische Zukunft umschließt. Aber – so befremdend es klingen mag – es ist auch eine fortschreitende Entwicklung. Wie bereits erwähnt, gibt es einen tieferen Tod des Ichs, *zumindest immer größere Bereiche des Ichs, die in den Tod gegeben werden müssen.* Und sobald ein neues Teilstück des Eigenlebens an der Oberfläche erscheint, entsteht die Versuchung, den Heiligen Geist zu betrüben – indem wir, statt es in den Tod zu geben, vom Kreuz herabsteigen.

# Wahre Heiligkeit – Gleichgewicht zwischen Erfahrung und Ethik

So herrlich real und gewiss es ist, die Fülle des Geistes zu empfangen – Gott ist noch nicht am Ende mit uns, wenn wir diesen Punkt erreicht haben. Heiligung ist mehr als das Empfangen eines Segens, es ist eine Person, die unser eigenes Ich entthront. Wir wollen nicht die Erfahrungsseite der Heiligung herabmindern. So bezweifle ich die Echtheit jeder Heiligung, die sich nicht auch auf die Gefühle auswirkt. Doch der ethische, nicht der emotionale Gehalt des religiösen Wandels ist das Wesentliche. *Der wahre Beweis eines geheiligten Wandels ist nicht seelische Hochstimmung, sondern die Entthronung des Ichs.* Der Eigenwille ist die Mutter aller Sünde. Sich selbst leben ist der wahre Kern allen ungeheiligten Lebens. Luzifer wurde durch seinen Eigenwillen zu Satan. Der Urgrund aber des geheiligten Lebens ist die Entthronung des Ichs, das durch Christus ersetzt wird. Man kann sehr wohl in der Fähigkeit wachsen, eine bestimmte Art religiöser Emotionalität zu demonstrieren, ohne in der Gnade zu wachsen. Das aber geschieht, wenn wir in der Sanftmut, Unterordnung, Hingabe, im Zerbrochensein und in der Selbstlosigkeit zunehmen.

## Geheiligtes Leben und Selbstbehauptung

Selbstbehauptung verträgt sich nicht mit einem geheiligten Leben. Zunehmen in der Heiligung bedeutet zunehmende Sensibilität gegenüber der Sünde, ein zunehmend empfindliches Gewissen, zunehmende Ablehnung von Selbstbehauptung und Selbstverherrlichung.

Als einer unserer Söhne noch klein war, blieb er ab und zu für einige Tage bei Bekannten zu Besuch. Während seiner Abwesenheit nahm sein geistliches Wachstum nach Meinung einiger Leute wunderbar zu. Er war sehr zufrieden mit sich selbst, und hätte er Zeugnis geben sollen, würde er wohl selbst gesagt haben, er sei in der Gnade gewachsen. In diesem beglückten Zustand kam er nach Hause zurück, doch das alles hielt nicht lange an. Sobald die häusliche Ordnung und Disziplin, die während seiner Abwesenheit fehlte, erneut zum Zuge kam, begehrte er auf und wurde rebellisch. Aber war er damit wirklich geistlich zurückgefallen? Ich denke nicht! Die Zurückweisung der elterlichen Disziplin bei seiner Heimkehr, die offene Rebellion gegen ihre Autorität zeigte, dass er geistlich gar nicht gewachsen war. In Wirklichkeit war es sein Ich, das gewachsen war. Er war verzogen worden. Und wenn wir unsere Bekannten fragten: „War er bei euch auch so?", so lautete die Antwort: „Nein, keineswegs, wir waren sehr zufrieden mit ihm!" Ich denke, wir verstehen! Der Junge war nur scheinbar geistlich gewesen. Der gute Eindruck war entstanden, weil sein Wille nicht durchkreuzt wurde. All das Gebaren, das sein Wachstum in der Gnade vorspiegelte, war völlig bedeutungslos. Es zeigte lediglich, dass er nicht gezügelt worden war. *Und ich wiederhole, dass kein echtes Wachstum vorliegt, wenn es nicht an unserer Sanftmut, Unterordnung, Hingabe und unserem Gehorsam zu sehen ist, gerade dort, wo Gott uns hingestellt hat.*

## Echte Heiligkeit bedeutet Gleichgewicht zwischen Theorie und Praxis

Machen wir uns nichts vor: Es gibt keine wirkliche Entthronung des Ichs und daher keine tief greifende Heiligung, wenn wir versuchen, unsere Umstände selbst zu gestalten, statt sie aus Gottes Hand zu nehmen. Ein Aufbegehren gegen die Ordnungen, in die uns Gottes Führung und Platzanweisung gestellt hat, beweist nur die Aktivität des gefallenen Ichs. Jede echte Heiligung macht damit ein Ende, denn dann tritt Christus an die Stelle unseres Ichs. Wenn unsere frommen Gefühle uns milder, freundlicher und anspruchsloser, demütiger und gehorsamer, weniger ichbezogen und zerbrochen machen, dann ist es in Ordnung. Geschieht dies aber nicht, geben wir uns der Selbsttäuschung hin und fliehen vor der Erkenntnis unseres wahren Ichs, anstatt es ans Kreuz zu bringen.

## Heiligkeit bedeutet nicht allein theologische Korrektheit

Eine andere, verbreitete Taktik des fleischlichen Lebens ist, sich hinter theologischer Korrektheit zu verbergen. Sie ist oft gepaart mit einem starren Traditionalismus – als Ersatz für wahre Heiligkeit. *Heiligkeit aber ist Sanftmut, Unterordnung, Zerbrochensein, Ergebenheit und Selbstlosigkeit.* Es ist möglich, im Rahmen der üblichen Heiligungslehre dogmatisch korrekt zu sein, während im praktischen Leben sichtbar wird, dass der Eigenwille noch nicht gebrochen ist. *Echte Heiligung ist aber ohne Zerbruch des Eigenwillens unmöglich.* Und niemand kann ein geisterfülltes Leben führen, wenn er es unterlässt, sich ständig durch das Kreuz zerbrechen zu lassen. Wie korrekt unsere Theologie auch sein mag, wie echt unsere Erfahrung, so lässt doch Starrsinn, Rebellion und Anmaßung das feine Gold der Heiligung trübe und matt werden. *Es gibt nur einen Ort wahrer Heiligkeit: Das Kreuz.* Um in der Heiligung fortschreiten zu können, muss man bereit sein, den alten Menschen der Sünde wirklich und praktisch ans Kreuz nageln zu lassen. Und um den Segen zu erhalten, muss man ihn am Kreuz belassen. Sobald wir einwilligen, dass unsere alte Natur und unser Ich vom Kreuz herabsteigen, stagniert das Werk der Heiligung in unserem Leben. Jemand hat gesagt: „Es ist entweder Christus oder ich selbst, der am Kreuz hängt. Wenn ich herabkomme, steigt er hinauf!" Rechte Theologie ist wichtig, doch in der wahren Heiligung gibt es ein Gleichgewicht zwischen theologischer Korrektheit und dem praktischen Leben.

## Wahre Heiligung bedeutet nicht Stillstand, sondern Prozess

Echtes geistliches Wachstum ist ein fortschreitender Prozess. Wer sich auf einmal Erlebtem ausruhen will, behindert das ständige Wirken des Heiligen Geistes und öffnet dem Laster Tür und Tor, so dass es alles zerstört. Jede Lehre, aus der eine einmalige, abgeschlossene Erfahrung erwächst, ist ein Fluch. Wir dürfen nicht versäumen, geistliche Initiative und Entwicklung anzuregen, denn sonst begünstigen wir eine starre, stagnierende Frömmigkeit.

## Die Entthronung des Ichs

Viel zu lange haben wir an der Idee festgehalten, nach irgendeiner Erfahrung sei man endgültig angekommen, dann sei alle Anstrengung vorüber, das Ziel erreicht. Dem müssen wir widersprechen! Manche lehnen die Betonung der fortschreitenden Heiligung ab, weil sie dann keine Entschuldigung haben, in einer einmaligen Erfahrung stecken zu bleiben. Sie fürchten die harte geistliche Aufbauarbeit, die sie im gemeinsamen Bemühen um dynamisches Wachstum an die Seite der Jungbekehrten stellt. Sie waren der Meinung, einmal voll Geistes zu sein, befreie sie zukünftig von solch mühsamer Arbeit. Stellen sie dann aber fest, dass sie noch nicht am Ende sind, dass wahre Heiligung kein abgeschlossener Vorgang ist, dass Gott sie mit immer neuen Bereichen ihres Ich-Lebens konfrontiert und sie sich fortwährend ihrer „Kreuzigung" unterziehen müssen, rebellieren sie nachdrücklich. *Doch jede Unterweisung, die dazu führt, uns mit einem unveränderten geistlichen Zustand zu begnügen, widerspricht der Schrift und führt nicht zu wahrer Heiligung.* Diese aber ist immer gekennzeichnet durch die Entthronung des

Ichs. In Philipper 1,21 ist diese Zielsetzung klar und deutlich ausgedrückt: „Christus ist mein Leben."

## Der wahrhaft Geheiligte hat keine persönlichen Interessen

Wer wirklich von seinem alten Wesen befreit ist, dient keinen persönlichen Interessen mehr. Seine empfindliche Natur, seine Überempfindlichkeit hat er ans Kreuz gegeben. Alles ist ihm recht, was Christus verherrlicht, sogar Gefangenschaft und Tod. Es nützt uns gar nichts, wenn wir erklären, dass wir bereit sind, für Christus zu sterben, und uns dann in den täglichen Dingen des Lebens weigern, unserem Ich zu sterben. Der Gläubige, dessen Leben wirklich von Christus beherrscht wird, akzeptiert alles, was ihm an Sorgen und Schmerzen, an Enttäuschung und Kränkung, an Missverständnissen und Missdeutungen begegnet. Er sieht in diesen Unannehmlichkeiten eine Chance, sein Ich aus dem Zentrum zu verdrängen, damit Christus die Herrschaft gewinnt. Die einzige Frage, die er stellt, ist nicht: „Wie wirkt es sich auf meine Interessen aus?", sondern: „Wie wird Christus dadurch verherrlicht?" Meine Gefühle, meine Rechte, meine Bequemlichkeit, mein Geschmack – nichts davon zählt. Was zählt, ist, dass Jesus Christus verherrlicht wird, „sei es durch Leben oder durch Tod".

# Die Verherrlichung des Märtyrertums

Die Entthronung des Ichs erreicht ihren Höhepunkt in der Bereitschaft zum physischen Tod oder Martyrium als Möglichkeit, Gott zu verherrlichen. Wenn Paulus es auch zweifelsohne als Gewinn betrachtete, bei dem Herrn zu sein, als er vom Gewinn des Todes sprach, zeigt doch der vorausgehende Text, dass dies nicht der einzige Gewinn war, den er im Sinn hatte. Denn die Schrift betont allgemein, dass der Tod Gottes Zielen oft besser dient als das Leben. Ich bin nicht wirklich bereit, Gott zu dienen, solange ich nicht willens bin, auf mein Eigenleben und auch mein physisches Leben zu verzichten. Viele unter uns meinen, dass man leben müsste, um Gott zu dienen. Tod im Dienst des Vaterlandes oder der Menschheit wird dagegen immer verherrlicht. Der heroische Tod der „Sechshundert" ist in Tennysons Gedicht „The Charge of the Light Brigade", das jedem amerikanischen Schuljungen bekannt ist, verewigt worden. Welcher junge Mensch ist nicht begeistert von der Geschichte des Horatius am Tiber und der römischen Verherrlichung des Todes für das Vaterland? Da ist der unsterbliche Schweizer Patriot Arnold von Winkelried, der die feindlichen Speere auf sich zog, um in eine geschlossene Front eine Bresche zu schlagen, in die seine Landsleute stürmten und so die Freiheit ihres Heimatlandes erkämpften. In der neueren Zeitgeschichte finden wir die Verherrlichung des Todes für Volk und Vaterland in so manchem Gedicht.

## *Zur Selbstaufopferung berufen*

Dies ist der Titel eines Buches, das ein Kriegsberichterstatter verfasste. Es beschreibt das erstaunliche Heldentum und die Opferbereitschaft der Einheiten, die als Stoßtrupps die amerikanischen Operationen vor-

bereiteten. In großer Anschaulichkeit wird von Blitz-
überfällen, Fallschirmjägerinvasionen und Stoßtrupp-
attacken erzählt, wobei das Risiko des Todes ohne
Zögern, mit großer Gelassenheit, Überlegung und Entschlossenheit einkalkuliert wurde. Wenn ein Einsatz
begann, wussten die Beteiligten oft genau, dass sie nicht
zurückkehren würden. Sie gingen dennoch, weil sie
bereit waren, ihr Leben zu opfern.

Ein hohes Maß an Mut und Hingabe an eine Sache
spricht aus einem Gedicht des brillanten jungen Poeten
und Soldaten Alan Seeger aus der Zeit des ersten Weltkriegs. Der Autor hatte an der Harvard-Universität
studiert. Zu Beginn des Ersten Weltkriegs, lange vor
dem Eintritt Amerikas, trat er der französischen Fremden-
legion bei. Das Gedicht offenbart in ergreifendem Pathos
die widerstreitenden Gefühle eines jungen Mannes,
der das Leben liebte und sich vom Frühling und der
Schönheit des erwachenden, neuen Lebens berauschen
ließ. Ein junger Mensch von kultivierter Sensibilität, der
Bequemlichkeit und Luxus kannte wie auch den Reiz
romantischer Liebe. Sein Gedicht drückt klar die Vorah-
nung aus, die ihn befiel; er ging dennoch, bereit zu sterben. Und er fiel im Kampf! Sein lebloser Körper wurde
später auf dem Schlachtfeld aufgelesen.

Was war es, das den begabten jungen Mann veran-
lasste, sich selbst zu opfern? Es war Patriotismus, der
gleiche Impuls, der die tapferen „Sechshundert" in
Tennysons „The Charge of the Light Brigade" antrieb.
Obwohl sie wussten, dass der auszuführende Auftrag
unweigerlich zum Tod führte, riefen sie:

> „Hier ist kein Platz zum Diskutieren,
> Auch nicht zum Große-Worte-Führen.
> Es gilt zu kämpfen und zu sterben."

Sie waren bereit, sich selbst zu opfern.

## Patrioten sind bereit, ihr Leben einzusetzen, viele Christen dagegen nicht

Während des letzten Krieges sprach E.A. Burroughs vom Patriotismus als einer Religion, die das ausführt, wovon das Christentum nur spricht; sie sei christlicher als das Christentum selbst – das heißt, was wir daraus gemacht haben. Wie konnte jemand eine solche Feststellung machen? Wovon ging der Mann aus? Einfach davon, dass der Grundgedanke des Christentums Selbstaufopferung, Selbsthingabe ist! Die Welt sieht in der Selbstverleugnung, der Opferbereitschaft von Soldaten und Patrioten ein vollkommeneres Beispiel dieses zentralen, christlichen Prinzips als – von einigen Ausnahmen abgesehen – bei den erklärten Nachfolgern Christi. Mit anderen Worten: Patrioten sterben bereitwilliger aus Liebe zu ihrem Heimatland, als viele Christen für Jesus Christus dazu bereit wären. Patrioten sind opferbereit, viele Christen dagegen nicht, obwohl das Kreuz – also der Tod aller Liebe zur Bequemlichkeit, zur Familie, zum Leben selbst – die zentrale Botschaft des Christentums ist. Soldaten und Patrioten demonstrieren der Welt heldenhafter den christlichen Grundsatz des Sterbens als die meisten unter uns. Wir haben das Hauptprinzip des christlichen Glaubens den Patrioten überlassen. Deshalb vergöttern die Nationen ihre Kriegshelden, denn der Mensch spürt instinktiv die göttliche Qualität der Selbsthingabe, der Bereitschaft zur Selbstaufopferung. Und die Welt erkennt und bewundert das Prinzip des Kreuzes, das Beispiel der Selbstaufopferung, wo immer es in Erscheinung tritt.

## Kommunisten sind bereit, ihr Leben einzusetzen, viele Christen aber nicht

Nicht nur den Patrioten haben wir dieses weltbewegende Prinzip überlassen. Nein, auch die Kommunisten praktizieren es. Maurice Thorez, der frühere Chef der

Kommunistischen Partei Frankreichs, sagte während einer fünfstündigen Ansprache im Rahmen einer Parteiversammlung, er sei von der „unglaublichen Passivität" vieler Kommunistenführer schockiert. Dann aber rief er in die Menge: „Das Blut der Märtyrer bringt eine reiche Ernte!" Ungeheuerlich! Ein Kommunist benutzt das Prinzip des Kreuzes zur Förderung seines Systems! Kommunisten sind opfer- und sterbebereit! Sie bedrohen die Welt, ja, greifen nach der Weltherrschaft unter Verwendung des zentralen Grundsatzes christlicher Lehre. Patrioten und Kommunisten praktizieren es – und sind in dieser Hinsicht „christlicher" als viele Christen. Die Gemeinde kann nur überleben, wenn sie das Prinzip des Kreuzes vollkommener auslebt als ihre Gegner.

Ein Straßenevangelist sprach in Los Angeles einen Passanten im Hinblick auf seinen geistlichen Zustand an. Er antwortete ihm mit folgenden Worten: „Ich bin Kommunist. Als Kommunist gehöre ich nicht mir selbst. Ich bin bereit, meine Arbeit, mein Haus, meine Frau, meine Familie, sogar mein Leben zu opfern, wenn es von mir erwartet wird. Ich bin auch bereit, mich selbst zu opfern."

Hier war ein Mann, der im Interesse einer atheistischen Ideologie das Prinzip des Kreuzes akzeptierte, obwohl er dafür nichts erhielt als die Chance zu sterben. Millionen bekennender Christen scheuen dagegen den Weg des Kreuzes. Patrioten und Kommunisten praktizieren begeistert den Grundsatz der Selbsthingabe für ein weit geringeres Ziel, während die Gemeinde im Großen und Ganzen nichts davon wissen will.

Erinnern wir uns an die Worte von Marshall Foch: „Schlachten werden gewonnen, indem man Soldaten lehrt zu sterben, und nicht, das Sterben zu umgehen." Die Kämpfe des Kreuzes werden auf keine andere Weise gewonnen. Wenn wir heute nicht in der Lage sind, eine Haltung vorzuweisen, die zumindest mit jener der Patrioten und Kommunisten vergleichbar ist, wie wollen wir dann überleben?

Bevor Napoleon die Alpen überquerte, sagte er zu seinen Soldaten: „Ihr habt Schlachten ohne Kanonen gewonnen, habt Flüsse ohne Brücken überquert, Eilmärsche ohne Schuhe gemeistert, ohne Alkohol und oft ohne Brot gelagert. Habt Dank für eure Ausdauer! Aber, Soldaten, im Grunde habt ihr noch nichts getan – denn es gibt noch so viel zu tun!" So sprach Napoleon zu seiner Armee, und sie scharten sich um ihn als ihren erklärten Führer. Ein größerer als Napoleon aber ruft seine Leute!

Garibaldi, der Befreier Italiens, sagte: „Ich gehe von Rom aus! Ich biete keine Bezahlung, keine Quartiere, keine Verpflegung; ich biete euch Hunger, Durst, Gewaltmärsche, Schlachten, Tod. Wer sein Land mit dem Herzen, nicht nur mit den Lippen liebt, der soll mir folgen!" Doch ein Größerer als Garibaldi ruft uns!

## Das verlorene Merkmal

Was wurde aus dem Kennzeichen heroischen Glaubens in den christlichen Kreisen unserer Tage? Während die Welt den Tod für Vaterland und Menschheit verherrlicht und jene für unsterblich erklärt, die freiwillig in den Tod gehen, kritisiert die Gemeinde den, der in ihren eigenen Reihen eine solche Hingabe für Christus vollzieht und sagt zynisch mit Judas: „Wozu diese Verschwendung?" Der Apostel Paulus erklärt nachdrücklich, dass Sterben „Gewinn" bedeutet. War Stephanus' Tod ein Gewinn? Wie jemand sagte, „starb Stephanus, und durch seinen Tod erhielt Christus seinen großen Apostel", nämlich Paulus. Stephanus würde nie vollbracht haben, was Paulus tat. Hundert, ja, vielleicht sogar tausend vom Schlag des Stephanus würden wahrscheinlich nicht vollbracht haben, was Gott durch Paulus tun konnte. Aber Stephanus konnte sterben und Gott die Chance geben, seinen großen Apostel zu gewinnen. Jeder, der die Kirchengeschichte kennt, weiß, dass nur einer der Apostel eines natürlichen Todes starb. „Das Blut der Märtyrer ist der Same der Gemeinde."

## Der Tod Christi: Eine Verschwendung?

Das größte Beispiel dafür, dass Sterben Gewinn ist, ist unser Herr Jesus Christus. Alle Argumente, die für ein Sich-Schonen sprechen, hätten angeführt werden können, um Christi Tod zu verhindern. Für seine Jünger und Freunde schien es fraglos eine sinnlose Verschwendung kostbaren Lebens zu sein, als Jesus so jung und schmachvoll starb. Kein Zweifel: Als er im Grab lag, sprachen seine Freunde davon, welch ein großer Verlust sein Tod für die Welt bedeutete. Vielleicht waren sie der Meinung, er sei unvorsichtig und rücksichtslos gewesen, sein Leben so einfach wegzuwerfen. Petrus mag davon gesprochen haben, wie er versucht hatte, ihn von seinem Gang nach Jerusalem und der Begegnung mit dem Tod abzuhalten. Vielleicht erschien sein Tod allen Jüngern damals als bedauernswerter Verlust für die Welt. Jesus hätte ja, indem er das Kreuz vermied, sein weiteres Leben so sinnreich und schön gestalten können, wie es in den drei bis vier Jahren seines Dienstes gewesen war. Doch dann wäre das Kreuz nicht errichtet worden, das durch die wunderbare Macht göttlicher Liebe die Menschheit mit Gott versöhnte. Dann hätte es keine Quelle der Reinigung für Millionen bußfertiger Sünder gegeben und kein Opfer für die Sünde der Welt. Keine volle Erlösung für die Menschheit hätte es je gegeben, auch kein offenes Grab, keinen Sieg über den Tod und kein ewiges Leben für alle, die glauben. Christus opferte sein Leben, doch es wurde zum Samen der Hoffnung und Freude für die Welt. Dieser Tod war wahrhaftig ein Gewinn!

## Das Gesetz des Lebens

Golgatha ist Gottes Modell, *das Gesetz des Lebens für uns alle. „Sterben ist Gewinn."* „Wer sein Leben lieb hat, der wird's verlieren; und wer sein Leben auf dieser Welt hasst, der wird's erhalten zum ewigen Leben." (Johannes 12,25)

## Tod im Leben oder Leben durch Tod

Die Welt verherrlicht den Opfertod. Sollten wir Christen dahinter zurückstehen? In den Annalen der Menschheitsgeschichte, in Literatur und Kunst ist Sterben für Volk und Vaterland gleichbedeutend mit Ruhm und Ehre. In Japan bedeutete der Tod für den Kaiser die höchste Ehre. Auch in der Sowjetunion ist der Tod für „Mütterchen Russland" Anlass für große Ehrungen. Ist Christus von geringerem Wert als Hitler? Ist er weniger wert als der japanische Herrscher, als „Mütterchen Russland" oder „America the beautiful"? Ist das Reich Gottes weniger wert als menschliche Herrscher und Reiche?

Normann Grubb erzählt, dass in der frühen Kirchengeschichte, als das Märtyrertum an der Tagesordnung war, den Ältesten der Gemeinde vor der Einsegnung folgende Frage gestellt wurde: „Seid ihr fähig, den Kelch zu trinken, den ich trinke, und mit der Taufe getauft zu werden, mit der ich getauft werde?", worauf sie antworteten: „Ich will Geißelung, Gefangenschaft, Folterung, Schande, Kreuzigung, Schläge, Drangsal und alle Versuchungen dieser Welt auf mich nehmen, die unser Herr und Fürsprecher und die universale, apostolische Kirche erduldeten."

Wer immer zu Christus gehören will, der muss auch seinen Weg gehen. Das ist ein universelles, ewiges Gesetz. *Es bedeutet entweder Leben durch Tod oder Tod im Leben.* Selbsterhaltung wird zur Selbstzerstörung. Dies ist für immer festgehalten in Philipper 2,6-11: „Er, der in göttlicher Gestalt war, hielt es nicht für einen Raub, Gott gleich zu sein, sondern entäußerte sich selbst und nahm Knechtsgestalt an, ward den Menschen gleich und der Erscheinung nach als Mensch erkannt. Er erniedrigte sich selbst und ward gehorsam bis zum Tode, ja zum Tode am Kreuz. Darum hat ihn auch Gott erhöht und hat ihm den Namen gegeben, der über alle Namen ist, dass in dem Namen Jesu sich beugen sollen aller derer Knie, die im Himmel und auf Erden und unter der Erde sind, und alle Zungen bekennen sollen, dass Jesus Christus der Herr ist, zur Ehre Gottes, des Vaters." Halleluja! *Wahrhaftig, das Kreuz ist der Thron des Universums.*

# Die Notwendigkeit des Sterbens

„Nicht, dass ich's schon ergriffen habe [...]" (Philipper 3,12): Ein großes Hindernis für jeden Fortschritt ist Selbstzufriedenheit, das Sich-Begnügen mit bereits erreichten Zielen. Mehr als alles andere, so glaube ich, schmerzt es Gott, wenn er sieht, wie leicht wir in geistlichen Dingen mit dem Erreichten zufrieden sind. Es zählt zu den größten Hindernissen für die Ausbreitung des Reiches Gottes, dass wir unsere geistlichen Stationen als Schlusspunkte betrachten und weitere Entwicklungen ausschließen. Es ist gefährlich, sich dauernd um sich selbst zu drehen, ständig in sich hineinzuschauen. Doch schlimmer noch ist, so selbstzufrieden zu sein, dass niemals Inventur gemacht wird und der prüfende Blick nach innen fehlt.

## Oberstes Gebot: Zielstrebigkeit

Fortschritt und Wachstum kommen zum Stillstand, wenn wir den Geist des Abenteuers verlieren. Das ideale Christenleben ist von einem unstillbaren geistlichen Durst gekennzeichnet; es rastet niemals in frommer Genügsamkeit, sondern ist ständig erfüllt von der Vision neuer geistlicher Ziele. Gottes Herz muss zutiefst betrübt sein, dass wir uns schon durch kleinste Hindernisse vom Pfad der guten Vorsätze abbringen lassen. Wir beginnen ein neues Jahr oder einen neuen geistlichen Höhenweg voll Energie und Enthusiasmus. Doch schon beim geringsten Anlass geben wir den neuen Kurs wieder auf. Sobald wir feststellen, dass neue geistliche Höhen nur mit äußerster Kraft und fester Entschlossenheit zu erreichen sind, dass Hindernisse, der Verlust von Bequemlichkeit und Komfort und die Verleugnung des Fleisches damit verbunden sind, sind wir nur zu schnell bereit aufzugeben. Auf dem Grab eines abgestürzten Bergsteigers steht folgende Inschrift: „Er starb beim

Aufstieg." Ich weiß nur zu gut, dass es bei mir noch an der Sanftmut des Geistes mangelt, und ich bete, dass ich weniger hart in der Durchsetzung meiner Erkenntnisse bin, und meine frommen Ziele nicht mit kalter Strenge verfolge, sondern gegen andere nachgiebiger werde und nicht zuviel verlange. Mehr noch aber bete ich, dass, wenn ich meine Waffen niederlege, man von mir sagen kann: „Er starb beim Aufstieg."

## Der Preis für geistliches Wachstum

Wenige unter uns sind bereit, den Preis für echtes geistliches Wachstum zu zahlen. „Es gibt keine geistliche Weiterentwicklung ohne Sterben. Jeder Schritt auf dem Weg geistlichen Wachstums ist markiert von den blutigen Fußstapfen verwundeter Eigenliebe" (Maclaren). Auf dem Höhenweg geistlichen Reifens müssen Altäre errichtet werden, worauf das rechtmäßige Eigenleben geopfert wird. Und nicht viele unter uns sind zu diesem Weg bereit. Wann immer unsere Bequemlichkeit gefährdet ist, ziehen wir uns zurück, um einen leichteren Weg zu suchen. Wir vermeiden alles, was schwierig scheint und dem Fleisch nicht schmeckt. Das zeigt sich bei einer Vielzahl von Gläubigen, die von Gemeinde zu Gemeinde laufen, nicht um Gott näher zu kommen, sondern weil sie den Tod ihres Eigenlebens fürchten. Solche Leute verbringen den größten Teil ihres Lebens mit der Suche nach einem Ort, wo ihrem Ich geschmeichelt wird und sie sich kulturell und emotional zu Hause fühlen. Doch dies geschieht auf Kosten echten geistlichen Wachstums. *Sie verwechseln häufig oberflächliche Emotionalität mit tiefer Geistlichkeit und täuschen sich selbst, indem sie sich einreden, Zweck des Gottesdienstes sei es, Freude zu vermitteln.* Geistliche Reife ist nicht das Ergebnis der Pflege des natürlichen – nicht einmal des religiösen – Eigenlebens, sondern seiner *Kreuzigung*.

## Die Herausforderung des Apostels

Wie erfrischend ist das Eingeständnis des großen Apostels! Er bekennt sich frei zu seinem Mangel, seiner Unzulänglichkeit: „Nicht, dass ich's schon ergriffen habe oder schon vollkommen sei"; gemeint ist: Vollkommen im Sinne der Auferstehungsvollendung. Doch dabei bleibt er nicht stehen. Jetzt erst kommt die wirkliche Herausforderung: „Eins aber tue ich..." Was aber war das, worauf Paulus seine ganze Energie konzentrierte? Es war geistliches Wachstum! „Ich vergesse, was dahinten ist, und strecke mich aus nach dem, was da vorne ist, und jage nach dem vorgesteckten Ziel, dem Siegespreis der himmlischen Berufung Gottes in Christus Jesus." Das ist der Weg zur geistlichen Reife.

## Zerbruch – die Pforte zur Heiligung

Die Schrift lehrt, dass wir dann das Beste aus unserem Leben machen können, wenn wir es verlieren. Jesus Christus sagt uns, dass der Verlust des Lebens um seinetwillen dazu führt, es zu gewinnen. Es gibt ein tieferes Ich, das am Boden zerstört, und ein höheres, das zerschlagen werden muss. Ein Alabasterfläschchen – so schön es ist – muss zerbrochen werden, damit die Salbe ausfließen und ihr Duft das Haus erfüllen kann. Die Traube muss zerquetscht werden, damit es Wein gibt, und der Weizen wird zermahlen, ehe er zu Brot wird, um die Hungrigen zu sättigen (vgl. Jesaja 28,28).

Der gleiche Grundsatz gilt für das menschliche Leben. „Stolze Menschen, die nicht zerbrochen wurden, kann Gott nicht gebrauchen." (J.R. Miller) Solange wir nicht aufhören, uns selbst zu leben, haben wir nicht einmal begonnen zu leben. Erst wenn das Gesetz der Selbstaufopferung zum zentralen Prinzip wird, werden wir zum Segen und damit unserer Bestimmung zugeführt. In einem seiner kleinen Bücher illustriert J.R. Miller dieses Gesetz wie folgt: Eine große majestätische Eiche steht, kühlenden Schatten spendend, im tiefen Wald. Unter ihren Zweigen spielen Kinder, auf den Ästen singen Vögel. Eines Tages kommt ein Waldarbeiter, und bald erzittert der Baum unter den massiven Hieben seiner Axt. „Ich werde zerstört!", ruft er entsetzt. So scheint es, als der große Baum zu Boden fällt. Und die Kinder sind traurig, denn sie können nicht mehr unter den weitausladenden Zweigen herumtollen. Auch die Vögel sind bekümmert, denn sie können nicht mehr im dichten Zweigwerk nisten und singen.

## Wir sterben um zu leben

Doch lasst uns die Geschichte des Baumes weiterverfolgen. Er wird nun zu Balken zersägt und zum Bau eines hübschen Holzhauses verwendet. Dort findet bald eine Familie ihr Zuhause. Es mag auch sein, dass der Baum zum Bau einer prächtigen Orgel benutzt wird, die mit ihrem Klang den Gottesdienst begleitet. Er verlor sein Leben, um es zu gewinnen. Der Tod war der Eingang zu einem tieferen, wirklich nützlichen Dasein.

Die Teller, Tassen, das Geschirr und die Vasen, die wir in unseren Haushalten benutzen, lagen zuvor als gewöhnlicher Lehm unter der Erdoberfläche, still und ungestört, doch in keiner Weise dem Menschen oder sonst irgendwie nützlich. Eines Tages erschienen Arbeiter mit Pickeln, und der Lehm wurde rücksichtslos herausgerissen, in einer Mühle geschleudert und gemahlen, danach gepresst und in einem Brennofen gebrannt. Zuletzt kam er in voller Schönheit zum Vorschein und begann seinen Weg der Nützlichkeit. Offensichtlich musste er zuerst zerstört werden, um von Nutzen sein zu können.

## Leben nur durch Tod

Ein großer Kirchenbau wird errichtet. Die Steine dazu kommen aus einem dunklen Steinbruch. Wir können uns vorstellen, wie sie gemurrt, geächzt und gejammert haben, als Bohrer und Hammer der Arbeiter sie trafen. Sie fürchteten, dass sie zerstört würden, als sie aus dem Steinbett herausgebrochen wurden, wo sie jahrhundertelang ungestört gelegen hatten. Nun wurden sie in Blöcke geschnitten, auf ein Fördergerät geladen, behauen und in eine bestimmte Form gebracht. Zuletzt sehen wir sie als Teil eines Altarraumes, wo das Evangelium gepredigt wird, wo reuige Sünder den Heiland finden, wo die Beladenen getröstet werden. Zweifellos war es besser, dass diese Steine – wenn auch unter Schmerzen – herausgerissen und in die Wand einer Kirche eingefügt wurden, als weitere Jahrhunderte ungestört im dunklen Steinbruch zu liegen. So wurden sie durch Zerstörung von ihrer Nutzlosigkeit befreit.

Es gibt viele Beispiele für das Prinzip, dass wir sterben müssen, um nützlich und wirklich ein Segen sein zu können. Der Same muss sterben, um Frucht zu bringen. Und eine Mutter muss in den Rachen des Todes, um neues Leben hervorzubringen.

## Das Weizenkorn

Einige haben gesagt, das Leben unseres Sohnes Paul Rollin sei verschwendet worden, als er in die Mission ging und dann nach ein paar Wochen Dienst in Mexiko starb. Obwohl er so seinen Auftrag praktisch nicht ausführen konnte, erwuchs daraus doch eine große Zahl junger Menschen, die sich auf dieses Erntefeld vorbereiteten – das Feld, auf dem er ernten wollte und doch die Sichel so rasch niederlegen musste. Das „Weizenkorn", das in Mexiko in den Boden fiel, hat vielfache Frucht getragen, und die Arbeit dort geht immer noch weiter. 1948 wurde zur Erinnerung an ihn eine neue Schule eröffnet, um einen neuen Stamm zu erreichen. Auch wenn Paul Rollin noch viele Jahre zu Hause verlebt hätte, ist es fraglich, ob durch ihn jener Segen entstanden wäre, der durch ein paar kurze Wochen Dienst erwuchs. Und er ist nur ein Beispiel von vielen, die jene Wahrheit dokumentieren: „Wenn das Weizenkorn nicht in die Erde fällt und erstirbt, so bleibt es allein."

## Die zerbrochene Alabasterflasche

Die Salbe der Maria wurde „verschwendet", als sie die Flasche zerbrach und über den Herrn ausgoss. Der natürliche Mensch würde den Aposteln in dieser Behauptung zustimmen.

Nun aber angenommen, Maria hätte sie in der unzerbrochenen Flasche belassen, wäre sie dann wohl je erwähnt worden? Würde ihr sorgfältiges Verwahren überall in der Welt erzählt? Sie zerbrach die Vase und goss die Salbe aus, verlor sie, opferte sie, und nun schwebt ihr Duft in allen Häusern, wo diese Botschaft gehört wird. Wir mögen unser Leben zu bewahren suchen, es sorgfältig vor jeder Verschwendung schützen, doch dann werden wir keinen Lohn empfangen. Öffnen wir uns aber dem Dienst der Liebe, wird es zum bleibenden Segen für die Welt, und wir werden unvergessen bleiben. Der Opferaltar steht im Vordergrund eines jeden Lebens und kann nur auf Kosten all dessen, was gut und schön ist, umgangen werden. Wir müssen brennen, um Licht zu spenden.

# Weisheit im Vergessen

Ein weiterer Schritt im Prozess geistlichen Wachstums bei Paulus war, der Vergangenheit zu sterben: „Ich vergesse, was dahinten ist." Es wurde gesagt, dass Mut und Entschlossenheit dazu gehören, von der Vergangenheit loszukommen. Wir möchten gern die Dinge behalten, die uns ans Herz gewachsen sind, wir lassen sie nur ungern los. Für manche unter uns ist es sehr schwierig, ihre Sorgen hinter sich zu lassen, aus dem Schatten ihres Kummers herauszutreten, wegzukommen von den Gräbern, in denen sie die Schätze ihres Herzens begraben haben.

## Der Sinn des Kummers

Doch dies ist nicht Gottes Wille für uns. Gewiss, Kummer, Sorge und Schmerz sind, wenn man sie annimmt, nichts Nachteiliges. Geliebte Weggenossen wird man immer vermissen, und für die Hinterbliebenen kann das Leben niemals wieder so sein wie zuvor. Doch Verlust und Trauer sind dazu bestimmt, den Charakter zu formen und Segen zu wirken, der bis in die Ewigkeit reicht. Früher oder später werden Kummer und Schmerz jedes Haus erreichen. Kein materieller Wohlstand, keine Kultur, nicht einmal Religion kann dies verhindern. Wenn zwei junge Menschen vom Traualtar kommen und sich ein Heim einrichten, scheint es ihnen, als könnte ihre Freude nie getrübt werden und niemals Kummer und Sorge bei ihnen einkehren. Ein paar Jahre vielleicht bleiben ihre Träume auch ungetrübt. Die Blumen blühen und duften lieblicher als je zuvor, und die Tage erscheinen wie eine herrliche Musik ohne jeden Moll-Akkord. Der Kreis schließt sich, harmonisch und ungebrochen. Das häusliche Leben fließt stetig und gleichmäßig wie ein befriedeter Fluss, der nur noch an Tiefe und Breite zunimmt. Kinder wachsen heran, umgeben von

Liebe. In anderen Familien herrscht Sorge, Trauer oder Schlimmeres. Doch inmitten all der Trostlosigkeit bleibt dieses Haus von allem unberührt, wie eine Oase in der Wüste. Nicht für immer! Es kommt der Tag, wo die Hand des Todes sich auf ein Glied der so glücklichen Familie legt. Vielleicht erreicht diese Botschaft gerade ein Heim, wo in den letzten Monaten zum ersten Mal Trauer eingekehrt ist.

## Gefahren im Leid

Die erste Berührung mit dem Leid tut bitter weh. Weil es so fremd und ungewohnt ist, ist es noch viel schrecklicher. Was gestern noch unmöglich schien, ist heute furchtbare Realität. Der geliebte Mensch, den wir, wie wir dachten, so gut festhielten, ist von uns gegangen. Es scheint uns, als könnten wir niemals getröstet werden, könnten nicht weiterleben ohne den, der einen so wichtigen Platz in unserem Leben ausfüllte. Der erste Trauerfall ist in jedem Leben eine schwere Krise. Viele sehen darin nur einen Feind, mit dem sie sich nicht versöhnen wollen.

Trauer, wie jeder andere Kummer in unserem Leben, kann zum Segen oder Fluch werden. Jemand hat gesagt: „Verschwende deinen Kummer nicht!", d.h., lass ihn nicht ungenutzt, mach etwas daraus! Ob er aber zum Segen oder zum Fluch wird, hängt vom Verhältnis des Betroffenen zu Christus ab. Das gleiche Feuer, das Wachs zum Schmelzen bringt, härtet den Lehm. So ist das Leid ein Feuer, das dazu bestimmt ist, durch Gottes Hand das Leben seines Volkes zu schmelzen und zu reinigen. Wird es aber nicht akzeptiert sondern zurückgewiesen, erzeugt es Verwüstung.

Kummer und Sorge, Trauer und Leid sollten in einer christlichen Familie immer einen Segen hinterlassen. Sie sollten als Gottes Botschafter empfangen werden, und wenn das geschieht, werden sie immer einen tiefen Frieden hinterlassen. Jemand hat gesagt, dass keine

Familie jemals zu höchstem Segen, zu größter Freude und Lebensfülle gelangt, ohne dass auf irgendeine Weise Sorge und Leid sich Eingang verschaffen. „Sogar die Atmosphäre der Liebe in einem Heim wird – wie bestimmte Herbstfrüchte – niemals ihre volle Reife und Süße erlangen, solange der Frost der Heimsuchung sie nicht berührt hat."

## Der Segen des Leids

Vieles, was in dieser Welt wertvoll ist, ist aus Leiden entstanden. Die schönsten Lieder, die je gesungen wurden, kamen aus dem Feuer der Trübsal. Alles Gute am Erbe der Vergangenheit wurde mit Opfer und Leiden erkauft. Unsere Erlösung kommt von Gethsemane und Golgatha. Wir haben Zugang zur Ewigkeit durch Christi Blut und Tränen. Was auch immer an Reichtum in einem Leben vorhanden ist, wurde im Feuer geschmiedet. Unsere Liebe zueinander mag stark und echt sein, doch erreicht sie niemals ihren höchsten Ausdruck, solange wir nicht Schmerz und Leid erfahren haben. Sogar die Liebe einer Mutter erlangt ihre volle Kraft erst, wenn das Kind leidet oder in Gefahr ist. Das Gleiche gilt für die eheliche Liebe. Wo Sorge und Leid gemeinsam im Geist des Glaubens und der Ergebenheit in Gottes Willen getragen werden, geht das Paar gereifter und selbstloser daraus hervor. Wenn Mann und Frau gemeinsam vor ihrem toten Kind stehen, wird das Band enger als je zuvor. Kinder, die man behalten darf, erscheinen kostbarer als zuvor. Geschwister werden rücksichtsvoller, wenn der häusliche Kreis eine Lücke erhält.

Ein leerer Stuhl in einer gläubigen Familie hat eine wunderbare Macht, Stimmung und Gefühle zu mildern und zu läutern. Die Wolke des Leids, die über einem Hausstand hängt, ist voller Segen und bereit, sich über den Häuptern der Leidenden zu öffnen (nach J.R. Miller).

53

## Verschwendet euren Kummer nicht

Wie können wir sicher sein, den Segen des Leids auch wirklich zu empfangen? Zunächst einmal müssen wir es als einen Boten Gottes erkennen, als von ihm kommend akzeptieren, als mit seiner Erlaubnis eingetreten. Alles Leid hat seinen Ursprung in der Sünde oder in Satan, doch es ist völlig unter Gottes Kontrolle. Wir müssen auf die Botschaft achten, trotz Verlust und Schmerzen. Es mag eine lange Zeit dauern, bevor wir sie erkennen. Die erste Erfahrung des Leids kann uns so betäuben und blind machen, dass wir in völliger Dunkelheit stehen. Viel Zeit kann vergehen, bis unser Blick sich klärt. Alles, was uns bisher so viel bedeutete, erscheint auf einmal völlig unerheblich. Wir sind in Gefahr, all das zu bezweifeln, woran wir vorher so fest geglaubt haben. Doch Gott ist nahe, auch wenn wir nichts von ihm spüren. Und während wir die Versuchung zurückweisen, ihn törichterweise anzuklagen, während wir versuchen, auf seine Stimme zu hören, übergeben wir ihm Schritt für Schritt unsere Auflehnung und nehmen unser Leid aus seiner Hand. Dabei entdecken wir dann, dass es eine Mission, einen Auftrag enthält und eine Gabe des Himmels für uns darstellt. Wenn wir es dankbar annehmen, werden wir sehen, wie durch das Feuer dieses Leids ein Stück Gold in uns von den Schlacken befreit wurde. *Seien wir nicht entmutigt, wenn es eine Zeit dauert, bis wir diesen Segen empfangen. Warten wir! Er wird kommen.*

Doch müssen wir uns darüber im Klaren sein, dass diese Dinge nur im Leben solcher Menschen und Familien geschehen, die von Christus regiert werden. Ein Heim ohne Christus erhält niemals diesen Schatz des Leids. Wer ihm die Tür verschließt, sperrt allen Segen aus, und wenn die Lampen irdischer Freuden ausgehen, wird ein solcher Mensch in völliger Dunkelheit dastehen.

## Die Fehler von gestern vergessen

Manche von uns finden es nicht nur schwer, ihre Sorgen zu vergessen, sondern auch ihre Fehler. Ohne Frage, in den zurückliegenden Jahren sind uns viele Fehler unterlaufen. Vielleicht belasten sie uns jetzt in unserer Erinnerung und üben einen deprimierenden Einfluss auf uns aus, während wir die Zukunft in Angriff nehmen wollen. Wenn wir nicht aufpassen, schlingen sich die Fehler der Vergangenheit wie eine Kette um uns und verhindern jeden geistlichen Fortschritt. Wir sind in Gefahr, jeden Erfolg zu bezweifeln, weil wir in der Vergangenheit versagten.

## Fehler können zum Segen werden

Es mag uns überraschen, dass vergangene Fehler nicht nur kein Hindernis zu sein brauchen, sondern sogar ein Segen sein können. Ehe der Künstler ein Meisterwerk auf die Leinwand zaubert, muss er viele misslungene Entwürfe zur Seite legen. Bevor der Musiker in der Lage ist, ein Publikum durch seine Darbietung zu begeistern, muss er viele Jahre damit verbringen, Fehler zu machen und sie zu korrigieren. In jedem Bereich des Lebens gibt es Jahre voller Fehler, Unausgegorenheit und törichter Schnitzer, während wir uns auf ein ausgewogenes, sinnvolles Leben und Wirken vorbereiten.

## Gott macht alles neu

Trost für alle, die unter den Fehlern der Vergangenheit wie unter einer schweren Last seufzen, ist in Jeremias Bericht über seinen Besuch beim Töpfer und Gottes Botschaft darüber zu finden. In Jeremia 18,4 lesen wir: „Und der Topf, den er aus dem Ton machte, missriet ihm unter den Händen." Das ist kein schönes Bild. Ohne Zweifel können sich viele unter uns darin wiederfinden. Wir haben Gott enttäuscht, haben wegen unseres störrischen Eigenwillens nicht unser Bestmögliches getan. Ja, wir sind zu Gefäßen geworden, die in der formenden Hand des Töpfers missraten sind. Und nun leben wir unter der Tyrannei einer Vergangenheit, die wir bedauern und die uns die Kraft zu neuen Taten raubt.

In unserer Verkündigung wird Gott oft streng und hart dargestellt, sodass wir nicht den Mut finden zu einem freien Bekenntnis unseres Versagens und einem neuen Anfang. Doch eine der klarsten Botschaften des Wortes Gottes ist, dass Gott dem Menschen immer wieder neu seine Bereitschaft erklärt, ihm Barmherzigkeit zu schenken, ja, ihm seine Gnade zuzuwenden, auch wenn er sie missbraucht hat. Und dass jeder neue Tag ein neuer Anfang sein kann. „Und der Topf, den er aus dem Ton machte, missriet ihm unter den Händen." Was geschah nun hier? Wurde der Töpfer dadurch verwirrt? Gab er seinen Plan, die Durchführung seines Entwurfes auf? Warf er den Ton nach einem missglückten Versuch gleich zur Seite? „Da machte er einen andern Topf daraus, wie es ihm gefiel."

## Wenn der erste Versuch misslingt

Ich stand jahrelang unter dem Eindruck, das zweite Gefäß sei weniger schön und nützlich geworden als das ursprünglich geplante. Doch kürzlich wurde mir von jemandem, der töpfert, gesagt, dass das zweite Gefäß, aus einem misslungenen gefertigt, sogar besser sein kann als das ursprüngliche. Er erklärte, das zusätzliche Durcharbeiten des Materials mache es nachgiebiger und geschmeidiger. Und Gott sagte zu Jeremia, während er dem Töpfer beim Neuformen des Gefäßes zusah: „Kann ich nicht ebenso mit euch umgehen, ihr vom Hause Israel, wie dieser Töpfer?" (Jeremia 18,6). Wenn er aus dem ersten misslungenen Versuch ein anderes und vielleicht besseres Gefäß formen kann, ist er dann nicht in der Lage, aus einem scheinbar ruinierten Leben etwas Schönes und Gutes zu machen? „Siehe, wie der Ton in des Töpfers Hand, so seid auch ihr vom Hause Israel in meiner Hand" (Jeremia 18,6). Allen, die annehmen, dass sie durch ihr Versagen eine zweite Chance verwirkt haben, gelten diese Worte: „Und ich will euch die Jahre erstatten, deren Ertrag die Heuschrecken, Käfer, Geschmeiß und Raupen gefressen haben, mein großes Heer, das ich unter euch schickte" (Joel 2,25).

Werfen wir einen Blick auf die Gestalten der Bibel, jene Männer Gottes, die versagten und wieder neu angenommen wurden. Da ist Jakob, dem nach seinem Betrug (1. Mose 27) Gott in der Vision erscheint. Jakob erhält die Zusicherung, dass Gott ihn dennoch nicht aufgegeben hat (1. Mose 28). Da ist Mose, der nach krassem Versagen in jungen Jahren von Gott vierzig Jahre in der Wüste sorgfältig erzogen und dann erneut mit seiner ursprünglichen Aufgabe betraut wird (2. Mose 3). Da ist David, der nach seiner ruchlosen Tat einen neuen Start erhält (2. Samuel 12; Psalm 51). Erinnern wir uns an Jona, der davonlief, das Wort des Herrn zum zweiten Mal hörte und erneut mit dem gleichen Auftrag betraut wird (Jona 3). Denken wir an Petrus, der Jesus dreimal unter Fluchen und Schwören verleugnete und der dennoch eine spezielle Einladung erhielt, in die frühere Gemeinschaft wieder aufgenommen zu werden (Markus 16,7). Dann ist da Thomas, der so offensichtlich Mangel an Glauben zeigte und doch in seine alte Stellung wiedereingesetzt wurde (Johannes 20,27). Und schließlich ein Blick auf Johannes Markus, der zunächst ein großes Dilemma heraufbeschwor, dann aber erneuert und wieder angenommen wurde (2. Timotheus 4,11).

Alle diese Beispiele ermutigen uns, daran zu glauben, dass die Vergangenheit mit allen Verfehlungen nicht unser Leben tyrannisieren muss, dass unser Versagen, wie unverzeihlich es auch zu sein scheint, uns nicht ständig belasten muss, und dass Gottes Gnade mit den früheren Beweisen seiner Güte nicht erschöpft ist. Diese

Beispiele zeigen uns, dass aus dem alten Leben neues entstehen kann.

## Wie es in den Augen des Töpfers richtig war

„Da machte er einen andern Topf daraus, wie es ihm gefiel" (Jeremia 18,4). Dies ist eine Botschaft für alle, die versagt haben und nicht wagten, nochmals neu anzufangen. Nun liegen sie am Boden und sind zerknirscht und beschämt. Die Kraft scheint erlahmt, und es sieht nicht so aus, als lohne es sich, noch einmal von vorn anzufangen. Doch der himmlische Töpfer ist nicht so leicht zu entmutigen. „Er wird nicht verzagen noch entmutigt werden." „Da machte er einen andern Topf daraus" und der zweite Versuch endete offensichtlich mit einem Gefäß, das den Töpfer befriedigte.

*Dass ich in Gottes Händen bin,*
*Gibt meinem Leben Ziel und Sinn;*
*Denn nichts kann mir geschehen,*
*Als was er selbst für mich geplant,*
*Mag sich auch unter seiner Hand*
*Die Töpferscheibe drehen.*

*Und wenn beim raschen Wirbel sich*
*Im Tod verliert das eigne Ich,*
*Die eignen Kräfte schwinden,*
*Ist es mein Gott, der neu mich schafft*
*Und der mich seines Lebens Kraft*
*In seiner Hand lässt finden.*

*Ein Klumpen Ton, nichts, gar nichts wert,*
*Und doch geadelt und geehrt*
*Von Gottes Meisterhänden!*
*Der mich erkor zum Eigentum,*
*Wird auch zu seinem Preis und Ruhm*
*Das Werk an mir vollenden.*

*Nur ein Gefäß in Gottes Hand,*
*Doch sprudelt über seinen Rand,*
*Was er darein gegeben.*
*Ehrt alles in mir ihn, nur ihn,*
*Bin ich durch Gnade, was ich bin,*
*Wie reich ist dann mein Leben!*

## Der Weg der Buße

Es darf nicht übersehen werden, dass der Lehm, den ein Töpfer verwendet, ohne Leben und Vernunft ist, nicht aber das Material, aus dem der Mensch geschaffen wurde. Im Falle des menschlichen Lebens hängt die Möglichkeit für den himmlischen Töpfer, das Gefäß neu zu gestalten und Niederlage in Sieg zu verwandeln, von einer klaren Erkenntnis des Versagens ab, d.h., von Bekenntnis, Buße und Korrektur. Denn Gott sagte zu Jeremia: „Kann ich nicht ebenso mit euch umgehen, ihr vom Hause Israel, wie dieser Töpfer? [...] Bald rede ich über ein Volk und Königreich, dass ich es ausreißen, einreißen und zerstören will; wenn es sich aber bekehrt von seiner Bosheit, gegen die ich rede, so reut mich auch das Unheil, das ich ihm gedachte zu tun" (Jeremia 18,6-8). Dieses Prinzip ist genauso bedeutsam im Leben des Einzelnen. Sobald wir einen Fehler erkannt und darüber Buße getan, ihn korrigiert und unsere Einstellung geändert haben, kehrt Gott die negative Entwicklung in unserem Leben ins Gegenteil um. Das geschieht dann augenblicklich. „Sobald ...", sagt Gott, was auch immer der Fehler oder das Versagen sein mag. Sofern wir uns Gott in echter Reue, bereit, uns korrigieren und ändern zu lassen, nähern, beginnt sich alles zu verändern. Doch das Versagen muss ganz konkret erkannt werden. Es ist nicht genug, ein allgemeines Schuldbekenntnis abzulegen. Wir müssen unsere Fehler aussortieren und definieren! Es bedarf einer klaren Feststellung unseres Versagens, damit wir es korrigieren und Gottes Vergebung empfangen können. Und sobald die Korrektur vorgenommen wurde, müssen wir, wie Paulus, alles in Gottes Hand legen und seine Vergebung annehmen. Von da an haben wir nichts mehr damit zu tun und sollten das Ganze vergessen. Wenn Gott uns vergibt, müssen wir auch uns selbst vergeben. Das ist der Weg des Sieges über unsere Vergangenheit mit ihren Fehlern und ihrem Versagen. „Ich vergesse, was dahinten ist" (Philipper 3,13).

## Die Wunden der Vergangenheit vergessen

Eine andere Problematik, die wir „dahinten" lassen sollten, bilden die Wunden der Vergangenheit. Wir alle tragen sie an uns. Sie aber zu hegen und zu pflegen ist gefährlich. Sicher kennen wir alle solche, die beinahe eine Hand oder einen Arm verloren wegen eines kleinen Splitters, der irgendwie in den Finger kam und so lange blieb, bis eine Blutvergiftung einsetzte. So ist es mit den kleinen Verletzungen unserer Seele. Wenn sie nicht aus der Erinnerung gelöscht werden, fressen sie um sich und haben schlimme Folgen. Manche haben in der Vergangenheit schweres Unrecht erlitten. Vielleicht sind die Hoffnungen, Bemühungen und Träume eines ganzen Lebens durch die Treulosigkeit eines Freundes, dem wir vertraut haben, zunichte gemacht worden. Vielleicht hat uns jemand, mit dem wir befreundet waren, betrogen und sich heimtückisch gegen uns gewandt. Oder jemand, den wir als ehrlich ansahen, hat sich als falsch erwiesen und versucht, uns Schaden zuzufügen. Wenn wir solche Wunden und den Groll darüber in uns tragen, wird es uns in der Tat schaden. *Wir müssen uns oft ins Gedächtnis rufen, dass nichts, was andere uns zufügen, uns schaden kann, solange wir richtig reagieren.* Im Grunde kann uns überhaupt niemand Schaden zufügen, außer wir selbst. Nur unsere Reaktion kann uns wirklich verletzen. Die Wunden, die wir in der Vergangenheit erlitten, können, wenn sie vergeben und vergessen sind, ein Sprungbrett zu wahrer Charaktergröße werden, indem sie uns eine neue Dimension der Agape-Liebe eröffnen und unser geistliches Wachstum entscheidend fördern. Da wir nicht von dem, was andere uns zufügen, verletzt werden, sondern nur durch falsche Reaktionen und Verhaltensweisen, ist es besser, Böses zu ertragen als Böses zu tun.

## Die Erfolge der Vergangenheit vergessen

Wir sollten aber auch unsere Errungenschaften, Erfolge und Leistungen der Vergangenheit vergessen. „Wir sollten nie eine gute Tat in der Vergangenheit als unsere beste ansehen. Niemals sollten wir rückwärts schauen, um dort den Höhepunkt unserer Leistungen zu suchen." (J.R. Miller) Wie rühmlich und gut unsere Vergangenheit auch sein mag, wie viel wir auch für Christus und unseren Nächsten getan haben, niemals sollten wir unsere Taten als Höchstgrenze betrachten, die wir nicht überschreiten können. Unsere Vergangenheit sollte in den Schatten gestellt werden von der Vision unserer Zukunft. „Wir werden große Höhen im Leben erreichen, wenn wir die Dinge, die hinter uns liegen, auch hinter uns lassen und vergessen."

# Ein langwieriger Prozess

Wir kommen nun zum Blick nach vorn: „[...] und strecke mich aus nach dem, was da vorne ist." Moffat übersetzt: „Mich angespannt auf das konzentrieren, was vor mir liegt." Ich spüre in dieser Umschreibung den Geist heiliger Ungeduld. Es zählt zu den bittersten Erfahrungen einer Seele, die ein tiefes Verlangen nach geistlichem Vorwärtskommen besitzt, zu sehen, wie langsam das eigene Wachstum vor sich geht und Gottes tief greifende Umgestaltung geschieht. Und doch müssen wir uns bewusst sein, dass Gott Zeit braucht, einen geheiligten Menschen zu schaffen, so wie es Zeit braucht, bis eine Eiche voll ausgewachsen ist. Es ist wahr, dass unsere Wiedergeburt, durch die wir zu Gottes Kindern werden, das Werk eines Augenblicks ist. Wird ein Mensch wiedergeboren, so werden alle Voraussetzungen zu einem geheiligten Leben in ihn hineingelegt. Doch die Entwicklung und Verwirklichung dieser Möglichkeiten ist das Werk von Jahren. Dabei geschieht es leicht, dass wir mit Gott hadern, weil es so lange dauert. Selbst wenn wir uns nach den Dingen, die vor uns liegen, und nach der Erhabenheit eines geheiligten Lebens wirklich ausstrecken, ist der Prozess der Verwirklichung oft langwierig. Jemand hat gesagt, dass „Gott uns nicht in einem Augenblick erschafft. Vielmehr ist es eine lange Entwicklung, die sich durch alle Jahre unseres Lebens hinzieht. *Gott beginnt in uns zu wirken, wenn wir geboren werden, und sein Werk geht fort, solange wir leben.* Es gibt keine Stunde, wo nicht ein neuer Farbton unserem Leben zugefügt, eine neue Linie in unseren Charakter gezeichnet wird." (J.R. Miller) Eine Vielzahl von Kräften und Einflüssen haben Teil an diesem Werk: Elternhaus, Schule, Spielkameraden, die Gemeinde, Bücher, Freunde und Freundschaften, Freuden und Sorgen, Erfolge, Versagen, Gesundheit, Krankheit, Rosen und Dornen

– alle Umstände und Ereignisse des Lebens. Diese Dinge arbeiten an uns, doch nicht blindlings und ungesteuert. Gott ist immer auf dem Plan und wirkt in und durch diese Erfahrungen, solange wir ihn nicht aus unserem Leben vertreiben.

## Es ist Gott, der uns gestaltet

So ist es also Gott, der uns gestaltet, während wir nur die äußeren Umstände sehen. Wir können seine Hand nicht sehen, denn sie ist hinter diesen Umständen verborgen, doch ist es tatsächlich seine Hand, die uns formt. Und es gibt keinen Zeitpunkt, an dem wir sagen könnten, Gott sei fertig mit uns, er habe sein Ziel mit uns erreicht.

Eine junge Frau, die ihre beiden Kinder am gleichen Tag verlor, lehnte sich gegen Gott auf und wurde aufgrund ihres Murrens krank. Eines Tages sagte sie zu ihrer Tante, die älter und in geistlichen Dingen sehr viel weiser war: „Ich weiß nicht, warum Gott mich geschaffen hat, was mein Leben überhaupt für einen Sinn hat." Die Tante erwiderte: „Vielleicht hatte es bis heute keinen Sinn, aber er ist noch nicht am Ende mit dir. Er arbeitet gerade jetzt an dir, aber es passt dir nicht."

Vielleicht mag es einigen unter uns helfen, wenn wir uns vor Augen halten, dass Gott noch nicht mit uns am Ende ist. Er ist noch am Werk. Wir wären nicht so ungeduldig mit uns und Gott, wenn wir uns immer vergegenwärtigten, dass wir noch nicht fertig, sondern vielmehr im Prozess des Geformtwerdens sind. Es mag uns auch helfen, die Gründe für die harten und schmerzlichen Erfahrungen zu verstehen, die auf uns zukommen. Gott arbeitet mit Hammer und Meißel an uns, wie ein Bildhauer an einem rohen Stein.

## Nichts geschieht zufällig

Gegenwärtig sind wir nicht, was wir sein sollten, noch was wir sein werden. *Doch Gott arbeitet nicht ohne Muster, ohne Entwurf. Er weiß, was er tut, gleichgültig, wie blind wir selbst sind.* Es geschieht nichts Zufälliges in unserem Leben. Da ist eine Hand, die alle Situationen führt und lenkt und alle Ereignisse und Umstände plant. Dieser Plan mag für uns nicht erkennbar sein, doch das Auge Gottes wacht über allem. Es ist Gott, der uns formt und an uns arbeitet.

## Gott ist mit uns noch nicht am Ende

Ein Sprichwort sagt, man solle einen Narren nie eine halbfertige Arbeit sehen lassen. Einen unreifen Apfel kann man noch nicht essen, doch wir sollten ihn deshalb nicht für wertlos erachten. Er ist zu diesem Zeitpunkt noch nicht essbar, weil Gott noch nicht fertig ist, ihn zuzubereiten. Seine Unreife ist genau der Zustand, der ihm in diesem Stadium entspricht. Es ist eine Phase seiner Entwicklung und insofern gut und richtig. Wir haben nicht das Recht, eine Arbeit zu beurteilen, die noch nicht abgeschlossen ist. Kein Maler wird ein Bild zur Besichtigung freigeben, das unvollendet ist. Ebenso wenig steht es uns zu, Gottes Werke zu beurteilen, solange sie noch nicht fertig sind.

Diesen Grundsatz sollten wir auf alles anwenden, was Gott in uns und mit uns tut. Niemals sollten wir den Prozess mit dem Endergebnis verwechseln. *Gott ist noch nicht fertig mit uns.* Vielleicht ist bisher kaum etwas Schönes und Wertvolles in uns zur Vollendung gelangt. Wir machen weiterhin Fehler und versagen. Nie scheinen wir alle unsere Lektionen gelernt zu haben. Wenn wir dies dennoch annehmen, entdecken wir sehr schnell, dass wir uns geirrt haben. In der Tat, niemals kommen sie in unserem Leben zur vollen Verwirklichung. Dabei müssen wir uns jedoch daran erinnern, dass wir nur Lernende sind, Studierende in der Ausbildung. Von Gottes Gesichtspunkt aus sind wir ja Kinder, nicht Erwachsene. Das Bild ist noch nicht zu Ende gemalt, die Frucht noch nicht reif. Doch einmal wird die Arbeit vollendet sein, und wir werden „untadelig [...] vor das Angesicht seiner Herrlichkeit mit Freuden" gestellt (Judas 24). Wir müssen warten, bis das letzte Kapitel unseres Lebens geschrieben ist, ehe wir sagen, Gott sei nicht gut.

## Nicht die Welt des Teufels

Wenn wir diese Wahrheit im Blick behalten, können wir dem Schlimmsten ins Auge sehen, ohne Angst vor dem Ausgang unserer Erlebnisse und Erfahrungen – solange wir auf Gott vertrauen und seinen Willen tun. *Dies ist keine Welt des Zufalls, noch sitzt der Teufel auf dem Thron. Nein, „der Herr regiert"* (Psalm 96,10).

Nichts geschieht zufällig, Gottes Hand wirkt in allen Dingen. Wenn wir nur ihm ergeben und treu sind, werden wir am Ende sehen, dass sich der Meister nie geirrt hat. „Er trägt alle Dinge durch das Wort seiner Macht" (Hebräer 1,3).

# Höchster Einsatz ist notwendig

Wir sollten nicht vergessen, dass ein geheiligter Mensch weder an einem Tag noch im Schlaf entsteht. Deshalb ist zur Verwirklichung unserer Pläne und zur Erreichung unserer Ziele das „Ausstrecken nach dem, was vorne ist" notwendig. Das bedeutet, die ganze Kraft unseres Seins muss auf das geistliche Wachstum konzentriert werden. Wir sehen vor uns den Schimmer idealer geistlicher Schönheit und strecken uns verlangend danach aus. Doch müssen wir uns hüten, dass wir nicht die besten Gelegenheiten, unsere Pläne und Vorstellungen zu verwirklichen, verpassen. Dabei stehen wir in der Gefahr zu glauben, dass hohe Ziele durch emotionale Aufwallungen und ekstatische Erlebnisse zu erreichen seien. In Augenblicken echter Inspiration ist ein heiliges Feuer in uns aufgeflackert, und wir meinen, jetzt seien wir bereit für große Heldentaten, für gewaltige Aufgaben, die Selbstverleugnungen fordern. Doch der Test des Alltags, den die meisten von uns bewältigen müssen, besteht nicht aus großartigen Leistungen, sondern aus ganz gewöhnlichen, profanen Pflichten und Ereignissen. Und deshalb stehen wir in der Gefahr, die Chance zu versäumen, unsere Ideen praktisch zu verwirklichen.

## Von Engeln beneidet

Ein Gemälde von Murillo zeigt das Innere einer Küche. Doch anstelle von Menschen in Arbeitskleidung sehen wir Engel in weißen Gewändern bei dieser niedrigen Arbeit. Einer setzt den Kessel auf den Ofen, ein anderer trägt einen Kübel mit Wasser, wieder ein anderer deckt den Tisch. Was der Künstler damit sagen will, ist, dass auch die einfachsten Aufgaben, die uns übertragen werden, im rechten Geist getan, himmlischen Charakter gewinnen, so dass Engel sie mit Freuden tun würden. Doch aufgrund unseres ungekreuzigten Ichs stehen wir in der Gefahr, die Heiligkeit gewöhnlicher Verrichtungen zu verkennen. Während wir auf irgendeine gewaltige Aufgabe warten, durch die wir unsere Ideale verwirklichen wollen, verpassen wir unsere wahre Gelegenheit. Es mag uns überraschen zu hören, wie gern Engel in unsere Haut schlüpfen und unsere Aufgaben übernehmen würden. Manche Mutter, die sich über die Tatsache beschwert, dass sie durch ihre häuslichen Pflichten gebunden ist, während ihre Nachbarin tun und lassen kann, was sie will, mag eines Tages die überraschende Feststellung machen, dass sie von Engeln beneidet wurde. „Denn wer sich selbst erhöht, der wird erniedrigt; und wer sich selbst erniedrigt, der wird erhöht" (Matthäus 23,12).

## Kleine Pflichten – göttliche Gnade

Bei der Erfüllung kleiner alltäglicher Pflichten können wir ebenso geistliche Tugenden entwickeln, wie bei der Bewältigung großer, ins Auge fallender Aufgaben. Bisweilen denken wir, dass wir für Christus den Märtyrertod erleiden könnten, sind aber nicht bereit, ein Märtyrerleben für ihn zu führen. Unsere hohen Visionen, unsere ernsten Vorsätze müssen in der endlosen Folge alltäglicher Verrichtungen geprüft und verwirklicht werden.

## Nur eine Treppenstufe

*Alle hohen Ideen und Ideale können nur durch ständiges Sterben unseres Ichs erreicht werden.* Vordergründig wissen wir das alle wohl, doch nur wenige praktizieren jene Wahrheit, dass der Weg nach oben zuerst nach unten führt. George MacDonald erzählt in einem Gedicht die Geschichte eines Jungen, der eine Treppe zu den Sternen hinaufsteigen will. Er muss lernen, dass man diese Treppe nur hinaufklettern kann, wenn man selbst eine Stufe wird, auf die andere beim Hinaufgehen treten.

Das ist der wahre Weg, um hohe, geistliche Ziele zu erreichen.

## *Kein Wachstum ohne Mühe*

Hohe geistliche Ideale lassen sich nicht ohne bewusste Anstrengungen verwirklichen. Paulus sagte: „Ich [...] strecke mich aus nach dem, was da vorne ist." Manche Leute wollen uns davon überzeugen, dass, wenn wir wirklich errettet und geheiligt, beziehungsweise voll Geistes sind, sich ein hohes Maß an Heiligkeit praktisch mühelos ergebe. Diese Lehre bringt viele unter uns in große Nöte. Nach einer klaren Bekehrungserfahrung entdecken sie, dass es viel Gebet, ständige Wachsamkeit und echte Disziplin erfordert, um ihrem Ideal eines geisterfüllten Lebens nachzuleben. Durch diese Lehre nun, die besagt, dass sie niemals hinter diesem Ideal zurückbleiben können, werden sie oft mutlos und geben auf, statt sich selbst für tot zu halten und von Christus alles zu erhoffen, wie Paulus in Römer 6 schreibt. *Es gibt kein müheloses Wachstum, keinen leichten Weg zu einem geheiligten Leben.* Wir werden immer irgendwie versucht sein, im Fleisch zu leben, statt im Geist zu wandeln. Auch nach der Bekehrung und Reinigung des Herzens werden wir wachsam sein müssen, und wir werden wahrscheinlich auch dann noch ungewollt und unbeabsichtigt Fehler machen. *Echtes geistliches Leben wird nur durch die Praxis an Kraft und Qualität zunehmen.* Manche werden mich gesetzlich nennen und behaupten, ich unterstütze die Lehre von der Errettung durch Werke, wenn ich sage, dass alles Gute im Leben erst durch das Befolgen von Regeln und Geboten anfängt. Zugegeben, wir können die Gebote Jesu Christi nicht halten ohne ein übernatürliches Werk an unseren Herzen, ohne seine Liebe, die darin wirkt, und ohne einen erneuerten, gereinigten Geist. *Doch auch ein gereinigtes Herz wird nur durch konsequenten, disziplinierten Gehorsam rein erhalten.*

Mozart und Mendelssohn begannen ihre Karriere mit Tonleitern, Läufen und schmerzhaften Fingerübungen. Natürlich, unsere Erlösung und Reinigung muss zuerst durch die Gnade Gottes innerlich geschehen sein, bevor sie sich äußerlich auswirken kann, doch wir sind gefordert, sie mit „Furcht und Zittern", wie die Schrift sagt, zu bewirken. Das klingt nicht wie ein müheloses Erreichen geistlicher Höhen. Obwohl Mozart und Mendelssohn ihre musikalische Begabung schon in sich trugen, wären sie niemals geniale Musiker geworden, wenn sie nicht diszipliniert und nach festen Prinzipien an ihrem natürlichen Talent gearbeitet hätten. Fähigkeiten und Fertigkeiten erwirbt man nur durch ständiges Üben, bis wir die Kunst, die wir lernen wollten, mühelos beherrschen. *Um Großes leisten zu können, müssen wir kleine Dinge fortwährend wiederholen und vervollkommnen.* Das ist von großer Bedeutung. Der Weg zur geistlichen Reife besteht darin, unsere Fehler nach der Reinigung des Herzens von Gedanken, Worten und Taten so lange zu korrigieren, bis wir schließlich sittliche Schönheit und Vollkommenheit erreicht haben.

## Stille Zeit nach der Uhr

Um Menschen des Gebets zu werden, müssen wir lernen, zu festen Zeiten zu beten. Das ist sehr wichtig. Wir werden nie dem Gebet eine zentrale Stellung zuweisen, wenn wir es von unserer Neigung abhängig machen. Vom Impuls zum Beten abhängig sein, endet wahrscheinlich damit, dass wir überhaupt nicht beten. Wir müssen Disziplin aufbringen, damit wir regelmäßig in der Bibel lesen und Stille Zeit halten. Das gilt für das gesamte religiöse Leben. Wir können nur in der Geduld wachsen, wenn wir täglich, stündlich und in den kleinsten Dingen alle verfügbare Geduld aufbringen. Wir werden nur dann selbstlos, wenn wir bei jeder sich bietenden Gelegenheit Selbstlosigkeit praktizieren. Unser

69

Wachstum ist nachhaltiger, wenn wir danach streben, besser zu werden, und Stufe für Stufe die strahlenden Höhen sittlicher Größe und Schönheit erklimmen. Wir werden besser als wir sind, indem wir das Bessere tun, nicht das, woran wir gerade Lust haben, weil wir wissen, dass das richtig ist. Wir werden besser, wenn wir uns von Grundsätzen und nicht von Gefühlen leiten lassen.

## *Übung macht den Meister*

Paulus sagt: „Ich [...] strecke mich aus nach dem, was da vorne ist", d.h., nach seiner Vision, seinem Ideal. „Das Entscheidende im gesamten sittlichen Leben ist seine Tendenz, seine Richtung." Die Frage ist nicht, welchen Punkt wir erreicht haben, sondern welche Richtung wir einschlagen. Wir wachsen immer in der Richtung unserer alltäglichen Lebensweise. Die Kräfte, die wir gebrauchen, entwickeln sich immer mehr; die Tugenden, die wir praktizieren, treten immer klarer in unserem Charakter hervor. „Ein Vogel, der seine Flügel nicht benutzt, würde bald keine Flügel zum Benutzen mehr haben." Und wenn, geistlich gesprochen, unsere Seele keine Flügel hat, bis Gott sie uns gibt, müssen sie dennoch geübt werden, um kräftig zu werden. Sogar Paulus, ein Mann Gottes von großer geistlicher Reife, sagt, dass er sich mit ganzer Kraft und höchster Anstrengung nach dem hohen Ziel, das ihn herausfordert, ausstreckt.

# Die Zukunft liegt im Dunkeln

Es ist ganz natürlich, wenn wir uns fragen, was die Zukunft für uns bereithält. Haben Sie sich niemals gewünscht, den Vorhang wegziehen zu können, um einen Blick in die Zukunft zu werfen? Und haben Sie sich niemals gewundert, warum Gott die Zukunft im Dunkeln lässt? Haben Sie nie vergeblich versucht, die Tür in das Morgen zu öffnen, so wie die Jünger, als sie fragten: „Herr, wirst du zu dieser Zeit das Königreich Israel wiederherstellen?" Die Antwort darauf ist seine Botschaft an uns alle im Blick auf die Zukunft: „Es ist nicht an euch, die Zeit oder Stunde zu wissen. Das hat der Vater sich selbst vorbehalten."

Das ist Gottes klare Anweisung an alle, die versuchen möchten, diesen Schleier des Geheimnisses zu lüften, indem sie hierzu Hellseher, Geisterbeschwörer, Kartenleger und Ähnliches bemühen. Gott hält die Zukunft verborgen, weil es so am besten für uns ist. Er sieht, dass es besser für uns ist, einen Schritt nach dem anderen zu tun und uns ganz auf das Heute zu konzentrieren. „Während du gehst, soll dir dein Weg Schritt für Schritt gezeigt werden" (Sprüche 4,12 – freie Übersetzung).

So, Schritt für Schritt geführt, von Tag zu Tag lebend, blenden uns die Freuden des Lebens nicht, weil unsere Herzen geläutert sind. Wenn einige unter uns die zukünftigen Freuden und Erfolge im Voraus gewusst hätten, wären sie vielleicht im Umgang mit Pflichten und Gefahren kopflos und gleichgültig geworden. Vielleicht hätten wir uns von Gott entfernt und unser Vertrauen auf uns selbst gesetzt und so den Segen versäumt, der dem einfältig Glaubenden winkt. Schritt für Schritt geführt, einen Tag um den anderen nehmend, können uns die Sorgen des Lebens nicht überwältigen. Wenn wir von den Kämpfen und Nöten, die vor uns lagen, gewusst hätten, wären wir möglicherweise mutlos geworden und hätten so die Kraft zum Durchhalten verloren. *Christus hat uns das Wissen um die Zukunft vorenthalten, weil es besser für uns ist.* Wenn wir das jetzt nicht glauben können, werden wir es sehen, wenn der Schleier fällt.

## Die Verhüllung der himmlischen Herrlichkeit

Haben Sie sich niemals gewundert, warum Gott nicht mehr über den Himmel und seine Herrlichkeit offenbart hat? Vielleicht deshalb, weil uns diese Offenbarung für unsere Pflichten hier unfähig machen würde. Ein Reisender erzählt von seiner Heimkehr nach einem langen Auslandsaufenthalt. Sobald die Matrosen die Küste ihrer Heimat sahen, waren sie nicht mehr in der Lage, ihre Pflichten auf dem Schiff zu erfüllen. Als sie im Hafen ankamen und ihre Freunde am Kai erblickten, wurden sie von ihren Gefühlen so überwältigt, dass eine andere Mannschaft an Bord geschickt werden musste, um sie abzulösen. Angenommen, wir könnten schon in diesem Jammertal, während wir uns hier abmühen und plagen, die unbeschreiblichen Freuden unserer himmlischen Heimat sehen, sowie unsere Freunde und Bekannten, die uns von jenem sicheren Hafen aus zuwinken, wären wir dann nicht unfähig zur Erfüllung unserer Pflichten? Glauben wir nicht, dass der helle Glanz ihres Anblickes uns so faszinieren würde, dass wir unseres Erdendaseins müde würden? Wenn wir unsere Lieben in der ewigen Heimat sehen könnten, würden wir uns damit begnügen, hier zu bleiben und unser Werk zu beenden? Gewiss ist es besser, dass uns nicht mehr offenbart wurde. Die verborgene Herrlichkeit kann uns nicht blenden, und doch weiß der Glaube genug, um auszuharren, bis der letzte Morgen anbricht. Es ist besser für uns, dass die Zukunft verborgen bleibt und uns nur Schritt für Schritt enthüllt wird. Wir können geduldig warten, wenn wir unerklärliche Wege geführt werden, oder wenn Schatten auf unserem Wege liegen, vertrauensvoll festhalten, dass wir zwar den Weg nicht kennen, aber den, der uns diesen Weg führt. Und er verhüllt das Morgen, weil es so am besten für uns ist.

## Wie deine Tage, so deine Kraft

Es ist wirklich eine Gnade, dass wir das Leben nicht an einem Stück erhalten, sondern Tag für Tag, denn so haben wir nie mehr als die Kämpfe eines Tages auszutragen, nur eines Tages Arbeit zu tun, eines Tages Last zu tragen, nur eines Tages Sorge durchzustehen. Gott hat einen Grund dafür, das Leben in kleinste Einheiten aufzuteilen und es uns Tag für Tag zuzuteilen. Auf der Wüstenwanderung gab Gott seinem auserwählten Volk nie mehr als eine Tagesration, außer am Tag vor dem Sabbat. Er verwehrte ihnen ausdrücklich, mehr als eine Ration zu sammeln. Das war Gottes Art, sein Volk zu lehren, einen Tag nach dem anderen zu leben und das Morgen in seine Hand zu legen. Er gab ihnen die für sie ausreichende Zusage: „Wie deine Tage, so deine Kraft." (5. Mose 33,25). Kraft wird nicht im Voraus versprochen – genug für das ganze Leben oder für ein Jahr oder auch nur für einen Monat – nein, aber die Verheißung ist da, dass für jeden Tag unseres Lebens mit seinen Nöten, Pflichten, Kämpfen und Sorgen genug Kraft gegeben wird. Wenn die Last zunimmt, wird auch mehr Kraft zugeteilt. Wenn die Nacht dunkler wird, strahlen die Lampen um so heller. Der wichtige Gedanke hier ist, dass Kraft nicht einfach unbegrenzt als Vorrat für Jahre gegeben wird, sondern Tag für Tag, so wie wir sie brauchen.

## Ein Tag nach dem andern

Das Leben ist wie eine Schule, wo eine gut gelernte Lektion uns für die nächste – aber immer nur für die nächste – vorbereitet. So vorwärts gehend, jeden Tag für sich lebend, gleichen wir einem nachts Reisenden mit Laternenlicht. Immer nur der nächste Schritt ist erhellt bis zum Ende der Reise. Auf diese Weise erleuchtet auch Gott unseren Weg. Er zeigt uns nie den ganzen Weg, wenn wir aufbrechen, sondern bereitet nur den nächsten Schritt vor, und wenn wir den getan haben, wieder einen und dann wieder einen weiteren. „Wie deine Tage, so deine Kraft." Auf diese Weise sind wir am sichersten.

## Schuhwerk für raue Wege

Diese Worte sind Teil einer Verheißung, die der Stamm Asser erhielt. Diesem Stamm war ein rauer, gebirgiger Teil des Landes gegeben worden. Das bedeutete, sie mussten raue Wege gehen. Gewöhnliche Sandalen aus Holz oder Leder hätten nicht die Abnutzung durch scharfkantige Steine ausgehalten. Sie brauchten spezielle Schuhe. Deshalb ließ Gott Eisenlager in den Bergen entstehen, damit sie daraus eiserne Schuhe für die felsigen Pfade herstellen konnten. Das war der Sinn von Gottes Verheißung: „Eure Schuhe werden Eisen und Erz sein, und wie eure Tage, so wird eure Kraft sein."

Diese Verheißung gilt allen, die raue Wege gehen müssen. Und das bedeutet, allen, die wie Paulus sich nach dem, was vorne ist, ausstrecken. Wenn wir wirklich bergsteigen wollen, brauchen wir feste, starke Schuhe, denn der Weg nach oben ist niemals glatt und einfach. Doch Gott hat uns allen verheißen, dass er für unser geistliches Bergsteigen angemessene Schuhe bereithält.

Asser erhielt seinen Teil nicht zufällig; Gott hatte es so vorgesehen. So gibt es auch keinen Zufall in der Zuweisung des Platzes, der Bedingungen, der Umstände, in denen ein Gotteskind lebt. Alles ist so geordnet, dass der Einzelne am besten zur Entfaltung kommt.

## Das feinste Gold des Lebens

Weil Asser ein raues Land erhielt, hatte Gott Eisen in die Berge gelegt, um für robuste Schuhe für raue Wege zu sorgen. Derselbe Grundsatz gilt bei aller Vorsorge

Gottes für seine Kinder. Wenn wir in ein raues Land kommen, finden wir Eisen für robuste Schuhe. Oft fragen wir uns, wie wir bestimmte Krisensituationen, vor denen uns bange ist, bewältigen sollen. Wir sorgen uns, weil wir glauben, nicht die Gnade zu haben, Krisen gut überstehen zu können. Das kommt daher, weil wir die Bedeutsamkeit dieser Verheißung nicht erfassen. Gott verspricht nicht Kraft für Schwierigkeiten, die noch in der Zukunft liegen. Er stärkt unsere Arme nicht heute für die Kämpfe von morgen. Er bereitet das Eisen für schweres Schuhwerk erst, wenn das raue Land erreicht ist. Tauchen dann die Nöte auf, bekommen wir auch die Kraft. Ist das Bergland erreicht, wird das Erzlager für die Eisenschuhe gefunden. Doch gibt es keine Zusicherung von Kraft zum Tragen schwerer Lasten, solange keine Lasten zu tragen sind. Hilfe zum Bestehen von Versuchungen wird nicht versprochen für Zeiten, wo sie nicht auftreten. Manchmal grämen und sorgen wir uns darüber, weil wir meinen, keine Gnade zum Sterben zu haben. Aber diese Gnade ist uns nicht zugänglich, solange wir noch am Leben sind.

Mein ganzes Leben habe ich mich gefragt, wie ich wohl weiterleben könnte, wenn meine Mutter einmal nicht mehr lebe. Doch als dieser Tag schließlich kam, erlebte ich eine der größten Überraschungen meines Lebens. Niemals zuvor habe ich solch inneren Trost erfahren. Das werde ich nie vergessen. Wir können sicher sein, dass Gott uns nur auf raue und steinige Wege führt, damit wir in unserem geistlichen Wachstum weiterkommen. Auf den felsigen Höhen finden wir das Feingold des Lebens.

## Gott ist der Herr des Weltalls

Alles, was vor uns liegt, ist uns verhüllt. Doch brauchen wir uns nicht zu fürchten, denn Gott selbst führt uns auf allen Wegen. Viele finden es schwierig, an göttliche

Führung zu glauben. Sie wissen, dass er Sonnen und Sterne in ihren Umlaufbahnen mit solcher Sorgfalt leitet, dass sie niemals auch nur um Haaresbreite von ihrem Kurs abweichen. Sie wissen auch, dass er die Planeten so exakt führt, dass im gesamten Universum mit seinen Millionen Welten und unzähligen Milchstraßen absolute Präzision in all den Abläufen und Bewegungen herrscht, und zwar über Jahrtausende hinweg. Kein Stern bewegt sich je zu schnell oder zu langsam. Kein Planet verlässt jemals seine Bahn. Die Sonne geht nie zu spät auf. Gott hat dem Universum seine Ordnungen gegeben, und er hält sie ein. So genau lenkt er es, dass die Wissenschaftler den genauen Moment einer Verfinsterung Tausende von Jahren vorhersagen können.

## Er ist auch der Herr über Menschenleben

Doch interessiert sich Gott für etwas so Kleines wie ein Menschenleben? Wenn er wirklich führt und leitet, ist das nicht beschränkt auf große Männer, die die Geschicke der Welt lenken und Weltpolitik machen? Oder achtet er auch auf den Alltag von Millionen seiner Kinder? Führt er ein kleines Kind behutsam durch den Morast einer sumpfigen Waldstrecke? Leitet er den einsamen Wanderer sicher nach Hause? Wir können uns vorstellen, dass er die Geschicke großer Männer bestimmt, deren Lebensführung wichtig für die Welt ist, wird er aber auch gewöhnlichen Menschen den Weg zeigen? Wird er einen armen Mann oder ein kleines Kind führen? Er nennt die Sterne beim Namen, aber weiß er auch, wer ich bin?

## Er führt seine Kinder

Die Heilige Schrift gibt eine Fülle von Antworten auf diese Fragen. Zum Beispiel wird uns gesagt, dass Gott unser Vater ist. Was aber ist eines der Hauptmerkmale der Vaterschaft? Nun, gibt es irgendetwas im Leben der

Kinder, was so unbedeutend wäre, dass es den Vater nicht interessierte? Alles, was an einem irdischen Vater gut ist, ist nur ein Abglanz unseres himmlischen Vaters. Es wird uns gesagt, dass er nicht nur die Sterne beim Namen nennt, sondern dass der gute Hirte auch die Namen seiner Schafe kennt. Wenn er die Sperlinge mit Nahrung versorgt und die Lilien bekleidet, können wir sicher sein, dass er auch seine Kinder auf ihren Wegen leitet. Niemand sollte denken, er sei in Gottes Augen nur ein Teil der Masse. Nein, ein jeder hat bei ihm seinen persönlichen Platz und wird von ihm versorgt, als sei er ganz allein da. Gott liebt uns als Einzelne. Er führt uns in den kleinsten Dingen des Lebens, und seine Hand lenkt jedes Geschehen. Die Natur steht unter seiner Kontrolle, da geschieht nichts zufällig. Kein Sturm, kein Erdbeben, kein Tornado, keine Flutwelle, nichts ereignet sich ohne seine Zustimmung. Sogar die Schneeflocken stehen unter seiner Aufsicht; das Meer ist sein, denn er hat es gemacht. „Bis hierher [...] und nicht weiter" (Hiob 38,11), spricht er zu den stolzen Wellen. Diese Welt wird nicht vom Zufall regiert noch von einem blinden Schicksal, vielmehr von dem, der uns liebt und sich selbst für uns gegeben hat. „Die Hände, die durchbohrt wurden, bewegen das Rad der Weltgeschichte und gestalten das Leben des Einzelnen" (Maclaren). Angesichts dieser Wahrheit können wir gewiss sein, dass wir unseren Weg nicht allein suchen müssen.

## Er führt durch kleine Dinge

Wenn wir nicht genau hinsehen, nehmen wir Gottes Führungen überhaupt nicht wahr, denn er führt uns oft auf ganz gewöhnlichen Wegen. Wir laufen Gefahr, nur in großen, dramatischen und ungewöhnlichen Dingen seine Führung zu erkennen. Wenn aber Gottes Führung nur auf große, herausragende Dinge beschränkt wäre, würde unser Leben kaum von ihm bestimmt, denn große Ereignisse sind selten. Sind wir nicht in der Lage, Gottes Führung in der Routine des Alltags zu entdecken, verpassen wir sie wahrscheinlich ganz und gar. Wir müssen uns dessen bewusst sein, dass sich wichtige Prinzipien ebenso unter ganz gewöhnlichen Umständen auswirken wie in ungewöhnlichen Situationen. Vergessen wir das nicht. Es ist eine Binsenwahrheit. Gottes Führung gilt uneingeschränkt in der Routine des Alltags wie auch in den so genannten wichtigen politischen Ereignissen. Obwohl unser Leben sich weitgehend im Verborgenen abspielt, bedeutet das nicht, dass Gott sich mit uns weniger Mühe gibt als mit denen, die im Scheinwerferlicht der Öffentlichkeit stehen. Auf dem Meeresgrund in einer Tiefe von mehreren Tausend Metern blühen Blumen von seltener Schönheit und Vollkommenheit. Obwohl kein menschliches Auge sie jemals erblicken wird, hat Gott sich mit ihnen ebenso große Mühe gemacht wie mit jenen, die in unseren Treibhäusern und Gärten wachsen.

## *Die Erde ist voller Himmel*

Die bescheidenste Behausung bietet Raum für ein reiches Leben. Vielleicht bezweifeln wir diese Behauptung. Es gibt so viele Pflichten in unserem Leben, die uns lästig sind. Junge Leute finden ihre Schularbeiten langweilig, Müttern wird die endlose Folge häuslicher Pflichten zu einer Last. Männer werden müde in der Routine der Büros und Fabriken. Häufig überkommt uns das Gefühl, für unsere tägliche Arbeit zu schade zu sein. Wir meinen, wir wären für bessere Dinge geschaffen.

Doch inmitten der Pflichten, unter denen wir natürlicherweise seufzen, finden wir die Möglichkeit, unseren Charakter zu entwickeln. Erinnern wir uns an Mose, der zu der Zeit, als er die Schafe mitten in der Wüste hütete, die Erscheinung des brennenden Busches hatte. Wenn er so reagiert hätte wie einige von uns in ihren täglichen

78

Pflichten, hätte er wahrscheinlich nichts erlebt. „Die Erde ist voller Himmel, und jeder gewöhnliche Busch brennt von Gott."

## Gott führt durch alltägliche Dinge

Gott ist meist dort zu finden, wo wir ihn nicht erwarten. Den einfachen Hirten auf den Hügeln von Judäa wurde die wunderbare Botschaft verkündigt. Sie fanden Gott nicht in den Palästen dieser Welt, sondern in einem Stall. Wahrscheinlich hätten sie Gottes Führung verpasst, wären sie nicht mit gewöhnlichen Aufgaben beschäftigt gewesen. Gideon war beim Dreschen des Getreides und Elisa beim Pflügen mit dem Ochsengespann, als Gott sie rief. Gott begegnet uns häufig auf ganz gewöhnlichen Wegen.

Philippus sagte zu Jesus: „Zeige uns den Vater", und Jesu Antwort bekundet seine Enttäuschung: „So lange bin ich bei euch und du kennst mich nicht, Philippus? Wer mich sieht, der sieht den Vater!" (Johannes 14,9). Philippus dachte offensichtlich, Gottes Offenbarung würde sich mit Glanz und Herrlichkeit vollziehen, und hatte versäumt, den Vater im täglichen Leben Jesu zu entdecken. Christus offenbart sich meist im einfachen Gewand und auf gewöhnlichen Wegen. Wir lehnen oft Aufgaben und Pflichten, die uns zugeteilt werden, ab, weil wir meinen, sie seien unter unserer Würde, ohne zu bedenken, dass sie uns von Gott gegeben sind und Engel sie gern erfüllen würden. Offensichtlich nahm nicht einer der Jünger Schüssel und Handtuch, um die Füße der anderen und des Meisters zu waschen. Füßewaschen war der niedrigste Dienst und wurde im Allgemeinen vom einfachsten Sklaven ausgeübt. Während aber diese Männer dachten, es sei unter ihrer Würde, die Aufgabe eines Sklaven zu erfüllen, nahm der Herr des Himmels und der Erde das Handtuch und machte sich an die Arbeit. Und er hielt sie nicht für unter seiner Würde.

# Wie lautet Ihr Auftrag?

Angenommen Paulus hätte, als er im Gefängnis war, das Vertrauen in Gottes Führung verloren. Niemals hätte er die Offenbarung göttlicher Wahrheit empfangen, die ihm dort anvertraut wurde. Viele Wahrheiten, die Ungezählte über die Jahrhunderte hinweg inspiriert haben, wurden Paulus beim Zeltmachen geoffenbart.

Manche von uns haben nie gelernt, Gott im täglichen Leben zu sehen. Wenn Jesus das Universum durch sein Wort regiert (Hebräer 1,3), dann muss er auch Herr über meine täglichen Pflichten sein. Uns hingegen scheint, als sei unser Leben unser selbst nicht wert, als gehe sein Glanz in unseren alltäglichen Aufgaben verloren. Wir meinen, Gott nur dann finden zu können, wenn wir einen bedeutenden Platz einnehmen, eine herausragende Aufgabe erfüllen oder weite Reisen unternehmen. Doch keine Tätigkeit ist wirklich niedrig. Wir sollten uns durch unsere Lebensumstände nicht gedemütigt fühlen. Von unserem Auftrag, nicht von unserer Tätigkeit hängt alles ab. Jesus war von Beruf Zimmermann, aber das war nicht sein eigentlicher Auftrag. Sie mögen von Beruf Händler, Metzger oder Bauer sein, doch wenn Sie ganz für Gott leben wollen, ist Ihr Auftrag nicht geringer als der eines Predigers oder Evangelisten oder sogar der Christi: Sie sollen helfen, das Königreich aufzurichten! Nicht Ihre Beschäftigung, sondern Ihr Auftrag erhöht oder erniedrigt Sie. Wenn der Schleier fällt, werden wir sehen, dass die Putzfrau, die Christus verherrlichen wollte, erhöht wird über die Königin, die für sich selbst gelebt hat. Wenn Gott im Zentrum steht, wird er im ganzen Leben sichtbar.

## Vom Leben betrogen?

Vielleicht glauben Sie, man habe Sie um die bessere Seite des Lebens weitgehend betrogen. Sie murren, weil andere Ihnen scheinbar vorgezogen werden. Sie sind unzufrieden und deprimiert. Möglicherweise haben Sie dadurch das Empfinden für Gottes Führung in Ihrem Leben verloren. Vor vielen Jahren sah ich eine junge Frau mit einem sehr traurigen Gesicht im Gottesdienst sitzen. Sie war unzufrieden und unglücklich, ihre Zukunft kam ihr düster vor. Nichts konnte sie erfreuen. Sie fühlte sich vom Leben betrogen. Sie hatte kein christliches Elternhaus gehabt und war weder schön noch talentiert. Nirgends schien sie hinzupassen. Sie meinte, unsere Kinder könnten leicht glücklich sein, denn sie hätten ja alle Möglichkeiten zur Entfaltung gehabt, die ihr selbst versagt geblieben wären. Nur schwer konnte sie die Bitterkeit ihres Herzens besiegen. Doch unter dem Einfluss des Heiligen Geistes wich ihre düstere Ausstrahlung; stattdessen strahlte sie Freude aus.

Ich beobachtete ihr Wachstum. Die Last auf ihr schien unvermindert, doch ihr Inneres veränderte sich. Und dann erzählte sie mir eines Tages mit leuchtenden Augen, sie habe ihren Platz, ihre Berufung entdeckt. Das war vor 35 Jahren. Heute hat sie nahezu 30 Jahre Dienst in der äußeren Mission getan. Vielleicht denken Sie, es gibt heute keine Wunder mehr. Doch wenn Christus in einem Leben im Mittelpunkt steht und ein Mensch für Gott brennt, wird alles ein einziges Wunder – ähnlich wie bei den Heiligen, von denen uns die Bibel berichtet. Wenn Ihr Leben ganz auf Gott ausgerichtet ist, besitzt es denselben Wert und dieselbe Qualität wie das eines Predigers oder Missionars, und Gott wird dadurch ebenso verherrlicht.

## Christus war ein Mann aus dem Volk

Wenden wir uns für einen Augenblick den Lebensumständen Jesu zu. Als Zwölfjähriger ging er hinauf in den Tempel und zog alle Aufmerksamkeit auf sich, weil er die Schriftgelehrten in Verlegenheit brachte.

Aber danach ging er wieder zurück nach Nazareth und begab sich in die Obhut seiner Eltern. Und in dieser bescheidenen Umgebung arbeitete er als Zimmermann und fand dennoch genug Raum zur Entwicklung des reichsten Charakters, den die Welt je gesehen hat, und für die höchste Aufgabe, die jemals erfüllt wurde.

Wie einfach und eintönig unsere Arbeit auch sein mag, wie unscheinbar unsere täglichen Pflichten, wie beengt unsere äußeren Umstände – wir können sicher sein, dass sie uns genügend Raum für unsere Charakterbildung bieten. Ebenso ist gewiss, dass auch die mühsamste Plakkerei, die beschwerlichste Aufgabe, die niedrigste Arbeit und die unangenehmste Umgebung uns in keiner Weise Christi Führung rauben kann, denn er selbst lebte in der Schule solcher Umstände. Wohl aber könnten wir seine Führung verfehlen, wenn wir ihn nicht in den gewöhnlichen Dingen erkennen lernen.

## Gottes Wege sind gut, aber nicht immer einfach

Wir stehen auch deshalb in Gefahr, Gottes Führung nicht zu bemerken, weil er uns nicht immer nur einfache Wege gehen lässt. Es ist nur natürlich, dass wir denken, unter Gottes Führung müsse es sich leicht und angenehm leben lassen. Doch das ist nicht der Fall. In Matthäus 4,1 lesen wir: „Da wurde Jesus vom Geist in die Wüste geführt, damit er von dem Teufel versucht würde." Gott führt uns bisweilen an Orte, an denen das Innerste unseres Charakters auf die Probe gestellt wird. In solchen Zeiten darf Satan unsere Wege kreuzen. Das Ergebnis mögen raue und steinige Wege, Ungewissheit, Dunkelheit und Schmerzen sein. Wenn Gott uns leitet, erwarten wir eigentlich, dass alles ruhig und friedvoll zugeht. Wir sind überrascht und zuweilen ungeduldig und verärgert, wenn wir entdecken, dass wir uns getäuscht haben. Wir stehen in Gefahr, Gottes Führung in Frage zu stellen, weil der Pfad steinig geworden ist.

## *Der steinige Weg des Paulus*

Schauen Sie sich die Reise des Paulus nach Rom an. Hätte er geglaubt, Gottes Führung bewege sich immer auf leichten Wegen, so wäre er sehr bald zu der Annahme gelangt, Gottes Wege total verfehlt zu haben. Monatelang lag er angekettet in finsteren Kerkern in Cäsarea. Dann holte ihn nicht etwa ein himmlischer Streitwagen ab, sondern er wurde auf die stürmische See geschleudert und durchlebte Nächte voller Hoffnungslosigkeit und Verzweiflung, als sie vierzehn Tage ohne Nahrung auskommen mussten und schließlich Schiffbruch erlitten. Und wie gelangte er ans Land? Keine himmlische Galeere nahm ihn auf, kein Engel brachte die rasende See zur Ruhe, kein übernatürliches Zeichen versicherte ihm, dass er im Willen Gottes stand. Er musste genau wie die anderen einen Sparren ergreifen und sich schwimmend in Sicherheit bringen. Zu dieser Zeit überkamen ihn bestimmt keine erhebenden Gefühle. Wie leicht hätte er auf Satan hören können, als der ihm zuflüsterte, dies gehe für einen Diener Gottes und Apostel Jesu Christi nun doch zu weit. Aber hören wir ihn selbst: „Von den Juden habe ich fünfmal erhalten vierzig Geißelhiebe weniger einen; ich bin dreimal mit Stöcken geschlagen, einmal gesteinigt worden; dreimal habe ich Schiffbruch erlitten, einen Tag und eine Nacht trieb ich auf dem tiefen Meer. Ich bin oft gereist, ich bin in Gefahr gewesen durch Flüsse, in Gefahr unter Räubern, in Gefahr unter Juden, in Gefahr unter Heiden, in Gefahr in Städten, in Gefahr in Wüsten, in Gefahr auf dem Meer, in Gefahr unter falschen Brüdern; in Mühe und Arbeit, in viel Wachen, in Hunger und Durst, in viel Fasten, in Frost und Blöße; und außer all dem noch das, was täglich auf mich einstürmt, und die Sorge für alle Gemeinden" (2. Korinther 11,24-28). Hätte Paulus Gottes Führung nur auf friedvollen und leichten Wegen erwartet, so hätte er sie verpasst. Doch er verpasste sie nicht. Mitten in

83

den geschilderten Umständen bekannte er: „Gott sei gedankt, wo immer ich auch hinkomme, macht er mein Leben zu einem Fest des Triumphes in Christus." Das ist ein Grundmuster Gottes auch für unser Leben. Hier finden wir aber auch die Zusicherung, dass Gott jene führt, die raue Wege gehen und schwierige Situationen durchzustehen haben. Gottes Führung hebt uns nicht unbedingt aus dem Rahmen des normalen Daseins. Sie mag uns aber auf schweren Wegen leiten.

## Schönheit aus dem Dunkel

Es heißt, dass bestimmte Räume in einem der berühmten Spitzengeschäfte in Brüssel der Herstellung feinster und schwierigster Muster vorbehalten sind. Diese Räume sind völlig verdunkelt – bis auf das Licht, welches aus einem kleinen Fenster direkt auf das Muster fällt. In jedem Raum befindet sich nur ein Arbeiter; er sitzt genau dort, wo der schmale Lichtstrahl die Fäden seiner Webarbeit beleuchtet. „So", sagte ein Führer, „erhalten wir unsere wertvollsten Produkte. Spitzen werden feiner und kunstvoller, wenn der Arbeiter selbst im Dunkel und nur sein Muster im Licht ist."

Gilt das nicht ebenso für die „Webarbeit" unseres Lebens? Häufig arbeiten auch wir im Dunkeln. Wir verstehen nicht, was wir tun. Das Muster liegt nur undeutlich vor uns. Und dennoch mögen wir eines Tages entdecken, dass der bedeutendste Teil unserer Lebensarbeit gerade in einer solchen Periode der Dunkelheit verrichtet wurde. Gerade der Weg, der uns so dunkel, unseren Füßen so rau erscheint, ist der Weg, den Gott erwählt hat. „Er hätte dir niemals die Dunkelheit gesandt, wäre er überzeugt gewesen, du könntest das Licht ertragen."

# Das Leben besteht nicht nur aus Aktivität

In Psalm 23 drückte David diese wichtige Wahrheit so aus: „Er weidet mich auf einer grünen Aue." Das Leben ist nicht nur Aktivität, Arbeit und Dienst. Wir sollen zwar keine Zeit verschwenden, aber damit ist nicht gemeint, dass wir unablässig im Sinne äußerer Aktivität in Bewegung sind. Zuweilen mag Gott uns auffordern, anzuhalten und eine Zeit lang zu rasten. Oft möchten wir aber nicht stillstehen, sondern lieber unseren Weg weitergehen. Wir wollen nicht verweilen, weil wir es für Zeitverschwendung halten, in die Stille zu gehen und auszuruhen. Wir meinen, eine nicht mit Aktivität ausgefüllte Minute sei vergeudet. Wir haben noch nicht gelernt, dass wir zuweilen bessere Fortschritte machen, wenn wir anhalten, statt vorwärts zu eilen. Also murren wir oft, wenn wir gezwungen sind, eine Weile still zu sein.

## *Krankheitszeiten müssen nicht sinnlos sein*

Einige unter uns meinen zu sündigen, wenn sie während einer geschäftigen Woche ein paar Stunden rasten. Wir haben unser Verantwortungsbewusstsein so gepflegt, dass wir Ruhe für falsch halten. Wir geraten dann in Gefahr, die Notwendigkeit zu übersehen, dass wir erst selbst gestärkt werden müssen, um andere stärken zu können. Wie leicht vergessen wir, dass wir selbst gesegnet sein müssen, um anderen ein Segen sein zu können! Ein Tag ohne Zeit allein mit Gott ist ein verlorener Tag. Wann immer der gute Hirte uns lagern lässt, geschieht das, damit wir neuen Segen empfangen. Häufig wirft er uns zu diesem Zweck aufs Krankenbett. Aber wir sollen auch diese Tage und Wochen nicht verschwenden, sondern lernen, dass all unsere äußeren Aktivitäten, die weltlichen Angelegenheiten, die uns beschäftigen, weder die einzige Lebensaufgabe darstellen noch die bedeutendste. Wir sind nicht nur da, um zu pflügen, zu säen und zu ernten, Häuser und Brücken zu bauen, Bücher zu führen und Akten zu ordnen, herzustellen, zu kaufen und zu verkaufen und Gewinn zu machen. Diese Beschäftigungen mögen recht sein, doch Hauptsinn unseres Daseins ist es, Jesus ähnlicher zu werden – mit anderen Worten: Die Liebe Christi zu empfangen und weiterzugeben. Alle anderen Aktivitäten sind diesem Ziel, diesem Plan Gottes für unser Leben, zugeordnet. Die Gestaltung einer Wesensart in uns, die der seines Sohnes gleicht, bleibt Gottes höchstes Ziel. Wir standen gewiss in Gefahr, dies zu vergessen, wenn wir für längere oder kürzere Zeit gestoppt werden. Zweifellos muss dann etwas in uns getan werden, etwas viel Wichtigeres als die Arbeit, die wir verrichtet hätten, wären wir nicht unterbrochen worden.

Daran sollten wir uns erinnern, wenn wir einmal gezwungen sind zu lagern. Es wird uns helfen, geduldiger und gehorsamer zu sein. Dort, in dem stillen Raum, in dem wir liegen, erwartet uns Segen. Unsere Theologie mag es in Frage stellen, aber wir sollen dann eine Lektion lernen. Wie ein Singvogel an einen dunklen Ort gebracht wird, um ein neues Lied zu erlernen, das er im Licht nicht gelernt hätte, so sollen wir durch unseren Rückzug in die Nacht einige neue, schöne Lieder lernen und sie an die Bekümmerten und Belasteten weitergeben. Und kein Preis ist zu hoch für das Vorrecht, auch nur eine einzige Note singen zu lernen, die zum Segen für die Welt wird (nach J.R. Miller).

Keine Not darf uns zu groß erscheinen, wenn sie uns Christus neu offenbart oder uns ihm ähnlicher macht. Wenn Jesus der beste aller Freunde ist, wäre es dann nicht sinnvoll, unsere Aufgaben für einige Zeit loszulas-

sen, um in noch tiefere, engere und vertrautere Gemeinschaft mit ihm zu gelangen?

Unser Dasein würde uns sehr viel mehr bedeuten,
wenn wir lernten, etwas gemächlicher zu leben. Meist
sind wir so unter Druck, dass wir unsere Arbeit nur in
fiebernder Hast verrichten. Wir eilen und lärmen der-
maßen, dass wir die Stimme Gottes nicht mehr hören
können. In unserer Rastlosigkeit finden wir keine Zeit
zum Nachdenken, zur Stille und zur Gemeinschaft mit
dem Herrn. Betrachten wir Johannes: Sein wunderbarer
Charakter beruhte auf seiner Nähe zu Jesus; er pflegte an
Jesu Brust zu ruhen. Wir aber sind zu sehr in Eile dazu.
Und so muss uns Gott bisweilen beiseite nehmen und
zur Ruhe bringen.

Ruskin schrieb an eine junge Journalistin: „In der
Notenpause selbst liegt keine Musik, doch hilft sie,
Musik zu schaffen." Wie in der Musik, so ist es im Leben.
Die Pausen in einem Musikstück sind nicht direkter
Bestandteil der Musik. Dennoch sind sie genauso wichtig wie die Noten, die gespielt oder gesungen werden.
Es würde die Harmonie und den Rhythmus zerstören,
beachtete ein nachlässiger Instrumentalist oder Sänger
die Pausen nicht. Sollten die Pausen, die Gott uns in der
Melodie unseres Lebens auferlegt, nicht ebenso wichtig
sein wie solche in einem Musikstück? Wer die Pausen
übersieht oder ausfüllt, verdirbt das Stück. Gott führt
uns nun einmal nicht immer auf Wege der Aktivität,
sondern auch in die Stille. „Durch Stillesein und Hoffen
würdet ihr stark sein" (Jesaja 30,15).

Der Apostel Paulus fordert die Thessalonicher auf,
sich im Stillesein zu üben. Das aber ist nicht ohne Mühe
zu erlernen. Geduld ist eine der größten und seltensten
Tugenden. Wir brauchen nur in unsere Konkordanz zu
schauen, um dies bestätigt zu finden. Es gibt Momente
und Stunden im Leben, in denen unsere Hauptaufgabe
darin besteht, nichts zu tun, stillzustehen und auf Gottes

Wirken oder den rechten Zeitpunkt zum Handeln zu warten. Zuweilen sind wir so ungeduldig, dass wir erst genötigt werden müssen, in unserem geschäftigen Leben Ruhepausen einzulegen. Eben waren wir noch so aktiv und eilten stürmisch vorwärts – und plötzlich wird uns Ruhe verordnet. Weil wir zu sehr in Eile sind und von selbst nicht die Notwendigkeit erkennen, einzuhalten, muss Gott uns bisweilen dazu zwingen. Er mag uns für eine Weile dienstuntauglich werden lassen, um uns an die Pausen in der Melodie unseres Lebens zu erinnern. Und in der Tat brauchen wir dieses Atemholen für ein erfülltes Dasein.

## Jedes Leben braucht seine Winterzeiten

Die Natur lehrt uns die Notwendigkeit von Perioden der Inaktivität. Im Winter erstirbt alles Wachstum. Die langen Monate ohne Blätter und Früchte scheinen verlorene Zeit zu sein. Doch wir wissen, dass hier keine Fehlplanung vorliegt und dass die Zeit der Ruhe für den Baum nicht verloren oder verschwendet ist. Er sammelt nur Kraft für das Wachstum und die Früchte des kommenden Jahres. Ebenso brauchen wir auch unsere Winterzeiten, in denen alles auszusetzen scheint. Aber dieses stille Warten ist kein Verlust. „Der Segen des Herrn allein macht reich, und nichts tut eigene Mühe hinzu" (Sprüche 10,22). Nicht jeder unter uns mag das verstehen. Es widerspricht unserer Theologie. Doch wenn wir lange genug leben, werden wir unsere Ansicht gewiss korrigieren. Der Autor weiß, wovon er spricht.

## Der Komponist unseres Lebens

Wenn wir Gott nur besser verstünden, würden wir sehen, dass die Pausen, die er in die Takte unseres Lebens schreibt, notwendig sind, um das Stück perfekt zu machen. Wir meinen, Zeit zu verlieren, wenn wir durch Krankheit oder Alter zur Inaktivität gezwungen sind. Doch das muss nicht so sein. Die Passivität der kranken Tage, in denen wir aus der lärmenden, eilenden Welt herausgenommen sind, die Notwendigkeit, still, geduldig und vertrauensvoll zu sein, ist zuweilen – geistlich gesehen – ebenso wichtig wie die drängenden Aufgaben, denen wir uns in gesunden Tagen widmen.

Wie liest der Musiker die Pausen? Sehen wir ihm zu, wie er in unbeirrbarer Gleichmäßigkeit den Takt einhält und die nächste Note exakt zur rechten Zeit spielt, als sei keine Unterbrechung eingetreten! Gott „komponiert" unser Leben nicht ohne Plan. Wir müssen lernen, uns in den Rhythmus einzufügen und uns von den Pausen nicht beirren zu lassen. Sie dürfen weder verwischt noch übergangen werden, sie sollen weder die Melodie noch das Thema zerstören. Wenn wir nach oben schauen, wird Gott selbst den Takt für uns schlagen. Es ist nicht unsere Aufgabe, das Stück zu schreiben; wir sollen spielen und singen, was Gott geschrieben hat. Wir haben nicht das Recht, eine Note oder Punktierung selbst zu schreiben, eine Pause einzulegen oder zu meiden, sondern wir sollen alles genauso spielen, wie es verfasst wurde.

Wenn wir in unserem Leben an Pausen gelangen, die der große Komponist in das Stück geschrieben hat, sollten wir sie ebenso als Teil des Stückes betrachten wie die Noten. Wir brauchen weder den Zeitverlust während Krankheit, erzwungener Muße oder vergeblicher Mühe zu beklagen noch uns zu grämen, dass wir keinen Anteil an der Aufführung haben, weil unsere Stimme nicht zu hören ist. Kein wirklicher Verlust wird durch diese Pausen und Unterbrechungen entstehen, wenn wir sie als Teil der großen Planung des Meisters annehmen. Wenn Gott uns zum Stillsein auffordert, so spielen wir unseren Part am besten, wenn wir die Hände sinken lassen. Was sorgen wir uns, dass wir für Gott nicht aktiv sein können, wenn er uns gar nicht aktiv haben will? Eine Frau, die das Geheimnis des Sich-Fügens und die Bedeutung der

Pausen verstehen gelernt hatte, zeigte eine erstaunliche Bereitschaft zur Hingabe an Gottes Willen, als sie sagte: „Ich höre, wie Gott zu mir sagt: Liege still und huste." Obwohl dies im Gegensatz zu manchem Lehrgebäude über göttliche Heilung steht und jene Frau in diesem Punkt nicht soviel Erkenntnis besaß wie viele von uns, mag doch ihr Glaube und ihr festes Vertrauen zur Heilung beigetragen haben. Selbst wenn sie niemals die Möglichkeit der Heilung erwogen hätte, wäre ein Glaube, der solche Feststellungen ermöglicht, für Gott von größerem Wert als der eines Menschen, der zwar Berge versetzen könnte, aber das Geheimnis des Gehorsams nicht gelernt hat. Gott möchte, dass wir das Stück so annehmen, wie er es geschrieben hat – ohne zu fragen – und dass wir darin ruhen, dass er in seiner Liebe und Weisheit recht leitet (nach J.R. Miller).

## Hingabe ist wichtiger als Aktivität

Aufgrund der falschen Annahme, dass wir nur durch äußere Aktivität und sichtbaren Dienst Gott ehren und geistlich wachsen können, haben wir unseren stillen Austausch mit Gott sträflich vernachlässigt. Gottes Auftrag und unser geistliches Leben leiden darunter! Daher werden wir nicht ständig auf Wegen der Aktivität geführt, sondern auch auf solchen der Ruhe. „Jedes geistliche Leben benötigt täglich Zeiten der Stille, in denen der Lärm des Alltags zurückbleibt und wir vor Gott zur Ruhe kommen. Hier besteht ein großer Mangel in der heutigen Christenheit."

## Die Bedeutung der Hingabe

Nicht vielen unter uns ist bewusst, dass die Hingabe an Gott und seine Führung von vorrangiger Bedeutung im Leben eines Christen ist. Ich meine insbesondere die Zeit, die wir allein mit Gott verbringen, in der wir nichts tun, als auf ihn und seine Stimme zu hören. Ich spreche nicht vom Beten während der Arbeit, beim Gehen oder bei einer anderen Beschäftigung. All dies ist gut und notwendig. Doch der König aller Könige erwartet mehr von uns. Er teilt seinen Willen und seine Pläne nur jenen mit, für die ein heiliger Wandel auch Zeit kosten darf, Zeit für die Gemeinschaft allein mit Gott, und die still genug sind, um seine Stimme hören zu können. Würde Gott uns in seinem Wort so oft auffordern, auf ihn zu warten und zu hören, wenn er nicht etwas Bedeutendes zu sagen oder in uns zu tun hätte?

Persönliche Vertrautheit mit dem Wort und Gemeinschaft allein mit Gott sind wichtiger als alle anderen geistlichen Bemühungen zusammen – auch als Gottesdienste, Gemeinschaft mit anderen Christen, Hören von Predigten und Predigtkassetten, Bibelstundenbesuch, Zeugnisgeben oder finanzielle Opfer. All dies ist wichtig und soll nicht abgewertet werden. Doch ich bin überzeugt, dass unsere Gemeinschaft mit Gott grundlegend ist für die Entfaltung und Wirksamkeit aller anderen sinnvollen geistlichen Bemühungen. Vernachlässigen wir sie, dann werden alle anderen Bereiche darunter leiden.

Die Zeit, in der wir leben, ist mehr der Aktivität als dem Gebet zugetan. Aktion ist beliebter als Anbetung, Betriebsamkeit verbreiteter als das Sitzen zu Christi Füßen, die Pflege der Gemeinschaft mit ihm. Die Grundtendenz unseres Glaubenslebens ist Hingabe an Aktivität, doch allein die Hingabe an Gott selbst ist die wahre Wurzel sinnvoller Bemühungen.

Bevor ein starker, gesunder Baum entsteht, der viel Frucht bringt, Hitze und Kälte aushält und Stürme übersteht, müssen Wurzeln gut eingepflanzt und ausreichend ernährt werden. Und bevor es vor aller Welt ein fruchtbares, erfülltes Christenleben geben kann, eines, das sich in Versuchungen standhaft, in Anfechtungen unbeirrt und voll guter Früchte zeigt, muss eine enge

Verschmelzung mit Gott in der Stille stattgefunden haben. Wir müssen von ihm empfangen, bevor wir anderen geben können, denn wir haben nichts aus uns selbst, um der Menschen Hunger zu befriedigen und ihren Durst zu stillen. Bestenfalls sind wir leere Gefäße, die darauf warten müssen, gefüllt zu werden, damit wir irgendetwas haben, um es anderen zu bringen. Bevor wir uns aufmachen, den Mühseligen und Beladenen himmlische Lieder zu singen, müssen wir an den Pforten des Himmels gelauscht haben. Unsere Lippen müssen mit jener Kohle von Gottes Altar berührt worden sein, ehe wir seine Botschafter für die Menschheit sein kön-nen. Wir müssen sehr lange an Jesu Brust gelegen haben, bevor unser armseliges Erdenleben vom Geist Christi durchwirkt ist und seine Auferstehungskraft reflektiert. Hingabe befähigt zur Aktivität.

Wenn wir unseren Einsatz für Gott und unseren Dienst wirklich vorbereiten wollen, müssen wir im Verlauf unse-res Lebens eine Vielzahl stiller Stunden einplanen, die wir in Gemeinschaft allein mit Christus verbringen; wir müssen auf seine Stimme hören, unsere verschwendete Kraft von ihm erneuern lassen und durch das Schauen auf ihn verwandelt werden. Vielbeschäftigte brauchen diese Zeiten geistlicher Gemeinschaft, denn das tägliche Rennen, Ringen und Kämpfen zerrt an der geistlichen Substanz und erschöpft die inneren Kräfte. Frauen, die in der Nachfolge stehen und einen Haushalt zu versorgen haben, brauchen solche Zeiten der Stille, denn es gibt vieles im Rahmen der Hausarbeit und im Zusammenle-ben der Familie, was die geistliche Spannkraft erlahmen lässt. Das Versorgen der Kinder, die Gleichförmigkeit des häuslichen Ablaufs, tausend kleine Dinge, die ihre Geduld auf die Probe stellen und sie bedrücken, machen es notwendig, dass jede gläubige Hausfrau wenigstens eine Stunde am Tag Gelegenheit hat, wie Maria zu den Füßen Jesu zu sitzen, um still zu werden und Kraft zu gewinnen. Zu viele unter uns schenken Jesus nur den schäbigen Rest des Tages (nach J.R. Miller).

Dieses Buch begann mit einem Aufruf zur Tat. Es schließt mit einem Aufruf zur Hingabe, denn wir können im geistlichen Bereich ohne Hingabe nicht sinnvoll handeln. Dieser Gedanke wird in S.D. Gordons „Stille Gespräche über das Gebet" treffend ausgedrückt: „Man kann mehr tun als beten, nachdem man gebetet hat. Aber man kann nicht mehr tun als beten, bis man gebetet hat."

## Die andere Wirklichkeit

Der durchschnittliche Gläubige nimmt das Gebet nicht sehr ernst. Wir wissen wenig darüber, wie man das Gebet zur „Hauptbeschäftigung" des Lebens machen kann. Nur wenige unter uns haben überhaupt darüber nachgedacht. Einige denken sogar, Beten bringe nur Zeitverlust, und das könnten wir uns nicht leisten – nur Rentner, Behinderte und Kranke dürften sich diesen „Luxus" gönnen. Warum ist das so? Nun, wir glauben nicht, *dass Gebet die Basis für jede Aktivität ist!* Die Gemeinde hat *geistliche* Gegebenheiten weithin nicht erfasst. Satan hat uns blind gemacht für die Tatsache, dass die geistliche Welt die grundlegende ist und geistliche Dinge und Wesenheiten zwar unsichtbar sind, aber dennoch existieren. Im Epheserbrief sagt Paulus, dass Geister, also Wesen der unsichtbaren Welt, wirkliche Persönlichkeiten sind. Sie tragen alle bekannten Merkmale einer Person außer einem sichtbaren Körper. Obwohl durch das Auge ebenso wenig wahrnehmbar wie Luft und Elektrizität, sind sie dennoch gleich real. Geistwesen beeinflussen menschliche Persönlichkeiten und die Gesellschaftsordnung im Allgemeinen, auch wenn wir dies nicht wahrnehmen.

Darum sagt Paulus: „Denn wir haben nicht mit Fleisch und Blut zu kämpfen, sondern mit Mächtigen und

Gewaltigen, nämlich mit den Herren der Welt, die in dieser Finsternis herrschen, mit den bösen Geistern unter dem Himmel" (Epheser 6,12). Beachten Sie, dass diese Persönlichkeiten als „böse Geister" von der Himmelswelt aus unsere Welt beherrschen. Sie dirigieren zum Beispiel das politische Geschehen.

Diese Geistwesen befinden sich unter der Oberhoheit Satans und handeln ausschließlich, um seine Wünsche, Ziele und Zwecke zu erfüllen. Sie befinden sich in ständigem Konflikt mit Gott und allem Göttlichen. Es gibt keinen Augenblick, in dem sie nicht versuchen, zu töten, zu stehlen und zu zerstören. Satan und seine Heerscharen sind aber keine absolut unabhängigen Wesen. Gott hat das Gebet zur Vorbereitung auf die Herrschaft nach dem Hochzeitsmahl des Lammes eingesetzt. Mit einem besonderen Erlass hat er den Gliedern des Leibes Christi Autorität über die ganze Macht des Feindes verliehen. Gleichzeitig gab er die Zusage: „Nichts wird euch schaden" (Lukas 10,19). Daher ist Gebet die Voraussetzung für alle Aktivität und das Wichtigste, was je einer für Gott oder Menschen tun kann. Deshalb gilt, wie John Wesley sagte, dass „Gott nichts tut, außer durch Gebet".